Karl Valentin
Gesammelte Werke

Jubiläumsausgabe in vier Bänden

Karl Valentin

Gesammelte Werke

BAND II

Couplets
Szenen und Stücke 1

R. PIPER & CO VERLAG
MÜNCHEN ZÜRICH

ISBN 3-492-02720-2
© R. Piper & Co. Verlag, München 1981
Gesetzt aus der Palatino
Gesamtherstellung: Welsermühl, Wels
Printed in Austria

INHALT

Couplets

Szenen und Stücke 1

COUPLETS

BLÖDSINNVERSE

Die Herrschaften verzeihen,
Sollt ich hier oben störn,
Sie können jetzt von mir einmal
An großen Blödsinn hörn.
Solls Ihnen nicht gefallen,
Da liegt mir gar nichts dran,
Ich bitt schön, hören Sie mir zu,
Nun geht der Unsinn an.

Es ist doch kaum zu glauben,
Was kürzlich erst passiert,
Ein Baumeister der hat sich da
Ganz fürchterlich blamiert,
Denn als der Bau beendet,
Er voll Entsetzen ruft:
Wir habn ja kein Parterre gebaut,
Nun hängts Haus in der Luft.

Erst kürzlich fuhr ein Auto
Ganz leer an mir vorbei,
Und daß das übel riechen tut,
Das war mir nicht mehr neu.
Denn dieser Autoführer,
Das ist doch kein Gebahrn,
Trotzdem daß niemand drinnen saß,
Ließ er doch einen fahrn.

Ein Meister sagt zum Lehrbub:
Besorg mir einen Gang,
Und schneide nur den Weg recht ab,
Dann brauchst du nicht so lang.
Der Lehrbub bleibt dumm stehen

Und schaut den Meister an
Und sagt: Geh gebns mir d'Scher mit,
Daß ichn Weg abschneiden kann.

Es gibt noch dumme Leute,
Behaupte ich genau.
Einen Operngucker kaufte sich
Erst kürzlich eine Frau.
Sie schaut hinein in Gucker
Und sagt, das ist gemein,
Da is ja gar kei Oper drin,
Das muß a Schwindl sein.

KLAPPHORNVERSE

Zwei Knaben stiegen auf einen Baum,
Sie wollten Äpfel runterhaun;
Am Gipfel drobn wurds ihnen klar,
Daß das a Fahnenstange war.

Zwei Herren taten mitsammen raufen,
Sie mußten beide heftig schnaufen;
Ich denk mir halt, die solln nicht raufen,
Dann müssens auch nicht so fest schnaufen.

Zwei Knaben stiegen auf eine Leiter,
Der obere war etwas gescheiter;
Der untere Knabe, der war dumm,
Auf einmal fiel die Leiter um.

Zwei Katzen fingen eine Maus,
Da kam sie ihnen wieder aus;
Da dachten sich die beiden Katzen:
Das nächste Mal fang ma an Ratzen.

Zwei Knaben pflückten im Felde Blumen,
Da ist der Aufseher gekummen;
Der hat die Blumen ihnen gnummen,
Da sind ihnen Tränen runtergrunnen.

Zwei Knaben gingen naus aufs Land
Und hamsterten dort allerhand,
Der eine kaufte Schmalz sehr teuer,
Der andere hatte nur zwei Eier.

Ein Kätzlein sagte zu dem andern,
Ich glaube schon ans Seelenwandern,
Die andere sprach, du hasts erraten,
Morgn sind wir vielleicht Hasenbraten.

Zwei Knaben, beide jung an Jahren,
Die wollten auch mal Trambahn fahren,
Sie fuhren nicht, habn sich besonnen,
Sie wollten nicht ums Leben kommen.

Zwei Knaben fingen ein Eidachsel,
Der wo es gfangt hat, der hieß Maxel,
Der andere packte es beim Schwanzel
Und dieser Knabe der hieß – Gabriel.

REZEPT ZUM KOMISCHEN SALAT

(Melodie: Jahrmarktsrummel von Paul Lincke)

1

Drei Pfund Rindfleisch hackt man klein,
Tut das in an Hafen nein;
Etwas Pfeffer, etwas Salz,
Dazu einen Löffel Schmalz,
Drei Zitronen ohne Kern –
Den Geschmack, den hat man gern –
Kalte Sauce vom Rehragout
Schüttet man dem Ganzen zu.

– Auch Leberkäs und Honig,
Sardinen und Spinat,
Gefärbte Eierschalen
Mit Mandelschokolad:
Auch Paprika und Erdbeer,
Zwei Liter Lebertran,
Drei Pfund gesottne Erbsen,
Vermischt mit Marzipan.

– Schweizerpilln und Sauerkraut,
Zungenwurscht mitsamt der Haut,
Naphthalin und Wagenschmier,
Feingeschnittnes Glaspapier,
Ananas und Karfiol,
Bismarckhering und Odol,
Essiggurken, Fliegenleim –
Das kommt alles mit hinein.

Und dazu noch Blutorangen und Zibebn
Müssn obendrein noch das Aroma hebn;

Makkaroni, gschnittne Nudeln, kalten Bratn,
Lineburger, Kokosnüss und Schwartenmagn.

2
Ist nun alles das dabei,
Fehlt es noch an mancherlei;
Lorbeerblätter und Zwieback,
Die erhöhen den Geschmack,
Kletzenbrot und Glyzerin,
Zwetschgenmus und Terpentin,
Kandiszucker und Forelln
Dürfen auch dabei nicht fehln.

– Auch Malzkaffee und Rollmops,
Zigorri und Zement,
A Messerspitz voll Streusand
Gewiß nicht schaden könnt.
Bananen, Aprikosen
Nebst Himbeerlimonad,
Dazu nen kleinen Löffel
Voll Messerputzpomad.

– Schnupftabak und Stachelbeer,
Gelbe Rüben, Kirschlikör,
Eierkognak, Nelken, Zimt
Man auch zu der Sache nimmt,
Kaviar und Zervelat,
Birn- und Pflaumenmarmelad,
Noch dazu zwei Flaschen Sekt,
Das erfordert das Rezept.

Heu und Stroh, auch Hafnerlehm und Bügelkohln,
Und a paar ganz feingeschnittne Hausschuhsohln,
Harte Semmelbrocken eingeweicht in Teer;
Das ist noch nicht alles, 's kommt schon noch viel mehr.

3

Hetschebetsch und Parmesan,
Bauerngselchts und sauren Rahm,
Gsundheitskuchen, Petersil,
Nen zerhackten Besenstiel,
Zwiebelzeltln, Kreosot,
Zigarrenstumpen und Kompott,
Ziegelsteine pulvrisiert
Werden mit hineingerührt.

– Rebhühner und Fasanen,
Auch Fensterkitt und Gips,
Zwei ganze Faschingskrapfen,
Garniert mit Stiefelwichs,
Leoniwurst und Bleiweiß,
Parkettbodnwachs und Reis,
Ölfarb und Anquilotti,
Zwei junge weiße Mäus.

– Sauerkraut und Sellerie,
Rettich und Fromage de Brie,
Knoblauch, Spargel und Stearin,
Weichselsaft und Zacherlin,
Kaisertinte, Schusterpapp,
Apfelmus und Salmiak,
Auch Briketts und Anthrazit,
Platzpatronen, Dynamit.

Ist dann alles drin, was ich soebn diktiert,
Wird das Ganze mit dem Löffel umgerührt,
Glaubn Sie sicher, es schmeckt wirklich delikat;
Sehn Sie, so entsteht der komische Salat.

TROMMELVERSE

1

Sinds net bös, sinds net bös,
Jetzt kommt ganz was damischös,
O mein liebes Puplikum,
Nehmens mir die Gschicht net krumm.

2

Paris ist eine schöne Stadt,
Woher sie ihren Namen hat:
Von einer alten Hose gwiß,
Denn die hat hinten a paar Riss.

3

Fliegn die Schwalben in der Höh,
Ja, dann ist das Wetter schö,
Fliegen sie jedoch parterre,
Dann ist meistens Sauwetter.

4

Auf dem Tisch, da liegt ein Fisch,
Und der Fisch ist noch ganz frisch.
Läg der Fisch schon lang am Tisch,
Wär der Fisch auch nicht mehr frisch.

5

Ich wohn in einem Rückgebäud;
Die Wohnung macht mir keine Freud,
Denn will ich auf die Straße sehn,
Muß ich durchs Vorderhaus durchgehn.

6

Junge Katzerln, junge Katzerln,
Haben noch ganz kleine Pratzerln;
Werdn die jungen Katzerln Katzen,
Kriegen sie auch größre Pratzen.

7

In einer Anlag geht ein Mann,
Er schaut hinauf, so hoch er kann.
Ich frug ihn drauf: »Wo sehn Sie hin?«
»Hinauf, weil ich Aufseher bin.«

8

A Meister steht am Schwurgricht drobn,
Er soll sein Gselln erschossen hobn.
Der Meister sagt ganz wutentbrannt:
»Er hat ja selbst an ›Schuß‹ verlangt.«

9

Ein fünfundsiebzigjährger Mann
Schafft einen Grammophon sich an.
Er kauft sich nur den Apparat,
Weil er die Platten selber hat.

10

A Herr, der kommt zum Doktor grennt,
Er klagt, daß 's ihm im Magn so brennt.
Der Doktor sagt: »Mein lieber Herr,
Da holns am besten d'Feuerwehr.«

11

Neulich schau i in Spiegel nei,
Is Gsicht verkehrt, wie kann das sei;
Daweil, wer hätt sich denn das denkt,
Da war der Spiegel verkehrt aufghängt.

12

Kürzlich ging der Sturm recht arg,
Ich wollte gehn zum Herzogpark;
Doch bei diesem Sturmgebraus
Kam ich nach Neuhausen naus.

DIE LORELEY

ANSAGER Folgen Sie mir im Geiste, wenn Ihnen das möglich ist,
an das linke Rheinufer, wir setzen uns auf das gegenüberlie-
gende Ufer des Loreleyfelsens. Hier sehen Sie jetzt beim blei-
chen Mondenschein oben auf dem Felsen die Loreley, sie hat
eine Leier in der Hand, und während unten in einer Gondel
auf den silberschimmernden Wellen des Rheins ein Schiffer
vorbeifährt und zu ihr hinaufblickt, singt sie im Abendäther
ein Lied in die dunkle Nacht.

VALENTIN
Grüß Gott und ich habe die Ehre,
das heißt, ich bin halt so frei,
Sie werden mich alle wohl kennen,
man heißt mich kurz die Loreley.
Was wurd über mich schon gesungen
und offen muß ich es gestehn
und niemand hat mich noch gesehn
und ich bin doch so fabelhaft schön!

Viel tausend Jahr hock ich hier oben
bei Sonnenschein, Regen und Schnee
auf diesem steinigen Felsblock,
mir tut schon mein Rückgebäud weh.

Ich singe und zupfe die Harfe,
ich wüßt ja net, was i sonst tat,
ich weiß nicht, was soll es bedeuten,
das Lied wird mir jetzt schon bald fad!

Wenn morgens vom Schlaf ich erwache,
dann kämm ich mein goldenes Haar,
das ist ja mein einziger Reichtum
denns Gold is gegnwärtig rar.
Ich gäbe zwar Gold her für Eisen,
da mach ich mir schließlich nix draus,
doch eiserne Haar –! 's wär a Blödsinn,
des haltet mei Kampe net aus!

Ich hab keine menschliche Seele,
ich leb nur als Märchen dahin,
drum ist es auch ganz leicht erklärlich,
daß viel tausend Jahr alt ich bin.
Wär ich eine menschliche Jungfrau,
ich sage es offen heraus,
hielt ich es so viel tausend Jahre
allein da heroben net aus!

Ein Schiffer, ein bildschöner Jüngling,
fährt oft mit dem Kahn hier vorbei,
er liebt nur ein einziges Wesen,
er liebt nur mich, die Loreley.
Da kommt er schon wieder gefahren,
was willst denn, du närrischer Tropf,
wenn du dich net glei aus dem Staub machst,
dann wirf i dir d' Musik an Kopf!

Nun haben d'Loreley Sie gesehen,
vergessen Sie nie diese Pracht,
und nun werd ich wieder verschwinden,

es dunkelt schon heimlich die Nacht,
's wird finster und immer finsterer
und langsam geh ich zur Ruh,
und daß wissen, daß aus is,
dreh ma das Mikrophon zu.

DER MASKENBALL DER TIERE

Die Tiere auf der Erde all,
Die hielten einen Maskenball.

Die Schildkröte, die Schildkröte
Blies im Orchester Trompete.

's Chamäleon, 's Chamäleon,
Das blies den dicken Bombardon.

Die Läuse, die Läuse,
Die machten ein Gesäuse.

Die Hummel, die Hummel,
Die schlug die große Trummel.

Der Pinguin, der Pinguin,
Der spielte erste Violin.

Die Kröte, die Kröte
Blies Piccolo und Flöte.

Der Marabu, der Marabu
Gab zum Konzert den Takt dazu.

Der Aal, der Aal,
Der schwänzelt durch den Saal.

Der Leopard, der Leopard,
Der hat auf seine Gattin gwart.

Der Flamingo, der Flamingo,
Der sucht nen Platz sich irgendwo.

Der Esel, der Esel
Saß hinten im Klubsessel.

Der Schwan, der Schwan
Sah sich im Spiegel an.

Das Nilpferd, das Nilpferd
Benahm sich wirklich ganz geschert.

Der Elefant, der Elefant,
Der war, wie immer, sehr galant.

Das Schwein, das Schwein,
Das war auch hier ein Schwein.

Der Büffel, der Büffel
Scherzt mit der Gans, der Schlüffel.

Der Feuersalamander
Rutscht übers Stiegenglander.

Die Fliege, die Fliege
Stand draußen auf der Stiege.

Der Papagei, der Papagei,
Der schrie fortwährend: 1 — 2 — 3.

Der Panther, der Panther,
Vom Luchs war's ein Verwandter.

Die Störche, die Störche,
Die warn maskiert als Lerche.

Die Wölfe, die Wölfe,
Die warn maskiert als Zwölfe.

Der Löwe, der Löwe,
Der war maskiert als Göwe.

Die Wanzen, die Wanzen,
Die fingen an zu tanzen.

Der Adler, der Adler,
Der tanzte den Schuhpladler.

Die Ameise, die Ameise,
Die tanzte nur den Française.

Die Flöhe, die Flöhe,
Die hupften in die Höhe.

Da plötzlich wurd's ganz still im Saal,
Sie saßen alle jetzt beim Mahl.

Der Rabe, der Rabe,
Fraß d' Suppn mit der Gabe.

Der Jaguar, der Jaguar
Fand in der Suppe drin ein Haar.

Die Giraffe, die Giraffe,
Die fraß a Schokoladwaffe.

Die Schlange, die Schlange
Aß eine Blutorange.

Das Eidachsel, das Eidachsel,
Das fraß a abbräunts Schweinshaxel.

Das Gnu, das Gnu,
Das hatte schon genu.

Der Auerochs, der Auerochs,
Der aß nicht auf und frug: »Wer mog's?«

Das Dromedar, das Dromedar
Aß zur Verstärkung Kaviar.

Die Schnepfe, die Schnepfe,
Die hat die größte Hepfe.

Das Lama, das Lama,
Das fraß zuletzt alls zamma.

Daß der Gesang nur Unsinn war,
Das wird zum Schlusse jedem klar.

CHINESISCHES COUPLET

1

Mantsche Mantsche Pantsche Hon kon Tsching Tschang
Kaifu schin sie Pering gigi wai hai wai
Titschi tatschi makka zippi zippi zappi
Guggi dutti suppi Mongolei.
Tingeles Tangeles Hundi Hundi guschdi

Tschinschinati wuschi wuschi tam tam tam
Wanni ko na kimmi, kummi aber nimmi
Kim i, kumm i, aber i kim kam.
Wo wie we wie bobi hopsi tsching tschang
Asi Stasi Wasi Wisi Tschin Tschin Tschin
Taubi Taubi Piepi Piepi sei si indi ändi
Wase bobi widdi midi Lanolin.
China drinna kenna Kinda mi alsamm
Tam – Tam – Tam.
Refrain: Ziggi zam ziggi zam Tschin Tschin wuggi gu
Wassi Wassi tscheng patschi zsching wuh-hu wu.

2
Ni widi tschen lali gan demi detti
La bade schon wette wett wum wum
Goll wudi bum bim wuschi wuschi sitz wetz
Sussi sussi sussi witschi schrumm
So von om runte, giglgilgoggi
Da legst di nieder plim plam plum.
Tutti tutti grossi, heiße Suppi blosi
Rahm o schlecken un on inten rum
Anni wiedi well well tam di diti tam tam
Schlucki schlucki wust gudi dudi gut.
Bier ham mi nimi, sauf ma halt a Wassi
Magi der is lari nachher wirst kaput
Niki nischi waschi schliffi schnack
Wauh, wauh, wauh.
Refrain: Ziggi zam ziggi zam Tschin Tschin wuggi gu
Wassi Wassi tscheng patschi zsching wuh-hu wu.

3
Snekrededeng widi putzpomade Sachti
Boane wecke, tutti frutti wasch, wasch, wasch
Poopi nanni quaste Millen dunsen,
Haferl gocken, Schneckt betzi Gwasch

Ka ko ki ka Kika Keki Wanzi
Magi, Magi, Magi, Magi, Magi, Magi mag i net
Humi wepsi bieni, um halb elfi gimmi
Heidi bobi tschingreding ins bet.
Tsching Tschang Tsching Tschang gibidani busi
Meini lippi xaxixaxixaxixaxixax
Tsching Tschang Tsching Tschang gisidanan fusi
Andigigiolipappi haxi haxi hax
Glaub mich lachen aus weil bin Chinese
Was ist des?
Refrain: Ziggi zam ziggi zam Tschin Tschin wuggi gu
Wassi Wassi tscheng patschi zsching wuh-hu wu.

DAS FUTURISTISCHE COUPLET

Ein Gegenstück zu der modernen Malerei

In Nürnberg kam das Ganze,
Es sind ja mal erst recht,
Doch als es mir ganz falsch war,
Ist es ohnedies zu schlecht.
Mit wessen ich grad dachte,
Von ohne sie berührt,
So sind sie denn von vorne rein
Ganz ohne diszipliert.

Wer allzulange sind ist,
Ob arm, geht sich bei dem,
Das einmal es oft lieber sein,
Drum wird ja ohnedem,
Mitsammen, ja denn so kann,

Bei deinen nicht schon sein,
Sobald man kann es bleiben soll,
Zusammen fein zu sein.

Wenn einmal in der Nase,
Hast manchmal du in Ruh,
Die Plattform in der Tasche hast,
Und treibst in allem zu,
So wittert aus den Mitteln,
In Spanien aus und ab,
Der Blumen Augenbrauen senkt,
Mit Asien und in Trapp.

WENN ICH EINMAL DER HERRGOTT WÄR

Zeitgemäßes Couplet

(Melodie: Da streiten sich die Leut herum)

Wenn ich einmal der Herrgott wär,
Mein erstes wäre das,
Ich schüfe alle Kriege ab,
Vorbei wär Streit und Haß.
Doch weil ich nicht der Herrgott bin,
Hab ich auch keine Macht;
Zum ewgen Frieden kommt es nie,
Weils immer wieder kracht.

Wenn ich einmal der Herrgott wär,
Mein zweites wäre dies,
Ich schüfe alle Technik ab,

's wär besser, ganz gewiß.
Dann gäb es auch kein Flugzeug mehr,
O Gott! Wie wär des nett!
Und ohne Angst, da gingen wir
Allabendlich ins Bett.

Wenn ich einmal der Herrgott wär,
Ich gäbe in der Welt
Den Menschen alle die Vernunft,
Die scheints noch vielen fehlt.
Doch weil mir das nicht möglich ist,
Die Sache ist zu dumm,
Drum bringen sich die Menschen mit
der Zeit noch alle um.

Wenn ich einmal der Herrgott wär,
Ich glaub, ich käm in Wut,
Weil diese Menschheit auf der Welt
Grad tut, was sie gern tut.
Ich schaute nicht mehr lange zu,
Wenns miteinander raufen;
Ich ließe eine Sintflut los
Und ließ sie all ersaufen.

Ja, lieber Herrgott, tu das doch,
Du hast die Macht in Händen,
Du könntest diesen Wirrwarr doch
Mit einem Schlag beenden.
Die Welt, die Du erschaffen hast,
Die sollst auch Du regieren!
Wenn Du die Menschheit nicht ersäufst,
Dann laß sie halt erfrieren.

EXPRESSIONISTISCHER GESANG

Überliterarischer Gesang

Wie die Maler heute malen
Wie der Dichter heute dicht
So will ich jetzt humoristeln
Ob es gut ist oder nicht.

Kanapee glüht Meeresfreiheit
Lippen blau aus Abendrot
Stille Nacht in Marmelade
Edle Kunst, behüt dich Gott.

A – b – c – d – e – f – g – h
I – k – l – m – n – o – p
Q – r – s – t – u – v – w – x
Ypsilon – z – f – f – f *(drei Pfiffe)*

La la la la la la la la
La la la la la la li
Li li li li li li li li
Li li li li li li la.

In der Nacht die Sterne funkeln
Und der Rundfunk funkelt auch
Funkeln tun auch die Karfunkeln
Und ein funkelnagelneuer Anzug auch.

Wer will unter die Soldaten
Der muß haben ein Gewehr
Das muß er mit Pulver laden
Und so weiter und so wei – ter.

Ein Gewitter ist im Anzug
Dieses leuchtet mir nicht ein
Ein Gewitter in der Hose
Das könnt leichter möglich sein.

Leiser Sturmwind heult in Strömen
Wenn die Katze kikerikiet
Und der Vater melkt die Enten
Wenn der Lineburger blüht.

Wenn die Blätter leise klappern
Und das Bächlein fließt bergauf
Saust das Dampfschiff durch die Wälder
D'Gmütlichkeit hört sich dann auf.

Wenn die Ringelnatter ringelt
Und die Fischlein gehn zu Fuß
Hört! Die Osterglocken pfeifen
Was sein muß, das muß sein muß.

Hundekuchen frißt die Katze
Und ein Kompaß singt Tenor
Und es sinkt der Barometer
Das kommt jedem spanisch vor.

Wenn die Reblaus rebiglauselt
Und das Dünnbier ist zu dünn
Billige Heimat sei gegrüßet
Mei Vater war a Weanerin.

Sauerkraut ist kein Getränke
Denunzieren tut ein Schuft
's beste Flugzeug wär ein Unsinn
Gäbs im Freien keine Luft.

Ob es heiß ist oder kälter
Ob es warm ist oder weit
Ob es kühl ist oder lustig
Ja, so ändert sich die Zeit.

In Berlin, in Prag und Hamburg
Auch in Bremen und Bayreuth
Auch in Salzburg und am Chiemsee
Und auch in Holzapfelskräut.

Und zum Schlusse muß ich schlusseln
Nehmet eure Händ in d' Hand
Schlagt dieselben oft zusammen
Das wird dann Applaus genannt.

DIE BAYERISCHEN SEEN

Ich ersuche Sie, bei diesem Couplet nicht zu lachen, weil ich da
selber lach.

Still ruht der See in Starnberg drüben,
Da kam ein Dampfer in die Näh,
Da kam der See dann in Bewegung
Und aus war es mit der Ru – he.
Dasselbe gilt fürn Ammersee.

Ha ha ha, ham Sies gehört, wie ich selber glacht hab – ich kann
natürlich nimmer so von Herzen lachen, bei mir klingt das Lachen
so mechanisch, ich kann nicht mehr anders lachen als wie ha ha
ha ha.

Der zwoate Vers.

Am Königssee fuhr einst ein König,
Am Chiemsee da fuhr einst ein Chiem,
Am Tegernsee fuhr einst ein Tegern,
Am Walchensee, o das ist schlimm,
Da ist schon bald kein See mehr drin.

Ha ha ha ha – über den Vers hab ich mich die erste Zeit krank
glacht – jetzt gefallt er mir gar nicht mehr.

Der dritte Vers.

In Kleinhessloh ist auch ein See,
O glaubns mir, das ist kein Spaß
Bei Regenwetter, 'sis ganz logisch,
Da wird sogar der See ganz naß.
Ja, Sapprament, wie kommt denn das?

Ha ha ha ha – der ist glänzend, der Vers – ha ha ha ha ha.

Der vierte oder sogenannte nächste Vers.

Ein jeder Mensch hat eine Seele,
Das ist ein Stück der Seligkeit.
Der Schwabe sagt: 's Starnbergerseele,
Das liegt vor Augsburg nit so woit,
Des dürfzmer glauba, liabe Loit.

Jetzt, der Vers gefallt mir selber nicht – über den Vers könnt ich
auch nicht lachen – höchstens einmal – ha ha.

Ein politischer Vers.

In Rußland und in Großbritannien,
In Frankreich und in der Türkei,
In Serbien, Dänemark und Schweden,
In China und der Mongolei,
In Saloniki und Hawaii.

Das hab ich mir gedacht, daß Sie den nicht verstehn, den versteh
ich nämlich selber nicht – aber lachen muaß ich, ha ha ha ha.

Der letzte Vers – sinds froh.

Den ersten Vers sang ich am Anfang,
Den letzten Vers sing ich zum Schluß.
Die andern Vers warn zwischen drinnen,
Das Ganze war ein Hochgenuß.
Schad, daß ich jetzt aufhören muß!

Ha ha ha ha – jetzt bin ich in an andern Vers neikomma.

ROMANZE IN C-MOLL
ODER DAS LIED VOM SONNTAG

Es war ein Sonntag hell und klar,
Ein Sonntag wirklich wunderbar,
Der Sonntag war so einzig schön,
Ich hab nicht leicht an schönern gsehn,
Er geht eim wirklich durchs Gemüt,
Wenn man an solchen Sonntag sieht.
Doch dauerte es gar nicht lang,
Weil bald der Abend kam heran,
Stockfinster wurd es um mich her
Und ich sah keinen Sonntag mehr.

Ein Auto stand an einem Eck
Und fuhr von seinem Platz nicht weg;
Ich tats betrachten hin und her
Und wie von Stein war der Chauffeur.
Es roch auch gar nicht nach Benzin,

Ich griff dann mit dem Finger hin.
Da wurd mir erst die Sache klar,
Daß das nur hingemalen war.
Das Auto, das stand immer stad,
's war nur ein großes Wandplakat.

An der elektrischen Straßenbahn,
Da hängt oft hint ein Wagen dran,
Der Wagen, der da hängt daran,
Anhängewagen heißt er dann.
Er hängt daran nur dann und wann
An der elektrischen Straßenbahn.
Doch hängt er einmal nicht daran,
Was auch sehr oft stattfinden kann,
Dann kann es doch nicht anders sein,
Dann fährt der vordre Wagen allein.

SZENEN UND STÜCKE 1

VALENTIN Erlaube mir, ein Drama ›Mitternachtsständchen‹ zum Vortrag zu bringen: Mit eigenen Requisiten und eigenen Dekorationen. Kostüme und Dekorationen aus der Brockensammlung, München, Kohlstraße 2. Das Stück spielt zwischen Karfreitag und der Römerschanze bei Grünwald Ende des vorigen Jahrhunderts, nachmittag gegen $1/2$ 3 Uhr. Die Rollen liegen in den Händen des Herrn ›Ich‹ und – aso – – ist vielleicht jemand da, der als Gast mitwirken möchte? – Geh' sag'n S', die Frau Ding soll reinkommen, die hat schon öfters Theater g'spielt! – Bitte, tragen S' meine Kostüme herein und eine spanische Wand dazu! – *Diener bringt das Verlangte. Valentin zieht sich an, stellt eine Kulisse auf, die Ritterburg. Mitwirkender Gast kommt auf die Bühne.*

VALENTIN *zum mitwirkenden Gast* Also, Sie brauchen nichts zu tun, als bei einem Fenster herauszuschauen. Sie gehen jetzt in das Haus hinein und wenn ich dreimal pfeif', dann schau'n Sie zum Fenster 'raus! Sagen brauchen S' nichts als wie: »Ich lieb' Dich nicht mehr, ich liebe einen andern!« *Valentin setzt ihm ein Nachthäubchen auf, geht mit ihm hinter die spanische Wand, zieht ihn an und pudert ihn ganz weiß. Zum Beleuchter* Sie sind so gut und beleuchten alles recht grell und farbig! – Zum Beispiel, wenn ich von der Sonne sing, beleuchten S' hell, – wenn ich von der Nacht sing, – beleuchten S' dunkel, – und wenn ich vom Morgenrot singe, beleuchten S's Morgenrot! – Jetzt fangen wir an. *Valentin singt mit der Gitarre ein Ständchen, – siehe Noten – Bühne finster*

Leise, leise, – wie ein Schatten – schleich ich mich auf d' Nacht beim Mondenschein – Mondenschein – Mondenschein – *schreit zornig zum Beleuchter* Mondenschein! – ja, hör'n denn Sie net?

Beleuchter beleuchtet ganz grell weiß.

VALENTIN Ach, das ist ja die Sonne, – beim Mondenschein hab

    i g'sagt! – gelb –

Beleuchter macht gelb.

VALENTIN So is recht! *singt*

    Zu meinem lieben Schätzelein, die wohnt in diesem Haus,
    Haus No. 9 – – Herz, mein Herz, erhör' mein Flehn, ich bitte
    Dich, Du kleine süße Maus, schau' doch zum Fenster 'raus!
    Liebchen schaut 'raus Nicht 'rausschau'n, – erst, wenn ich drei-
    mal pfiffen hab! *pfeift dreimal, Liebchen schaut 'raus*

VALENTIN *singt*

    Da bist Du ja, mein Engel,
    Du bist mein Himmelreich,
    Was ist mit Dir geschehen?
    Du bist ja furchtbar bleich!

Beleuchtung rot

VALENTIN *schimpft* – bleich! – Dö hat ja an Rotlauf – dö schaut
    aus wia a Bluatorangen! *singt*

    Ich wollte Dich besuchen,
    Schon am Gründonnerstag *grün*
    Doch war es mir nicht möglich,
    Weil krank ich im Bettchen lag,
    Ich glaub', ich hab Dir's ja schon g'sagt,
    Ich hab erst kurz die Gelbsucht g'habt; *gelb*
    Doch heut' bin ich gekommen
    Zu Dir, mein Schätzelein,
    Und bring Dir Liebeslieder
    Beim goldenen Mondenschein! *Regenbogenfarben*

VALENTIN Jetzt macht der an Regenbogen! – Hab'n Sie schon
    an g'scheckat'n Mond g'seng? *Zum Liebchen* Jetzt sag'n S',
    »Ich lieb' Dich nicht mehr, ich liebe einen andern!«
    Liebchen sagt den Satz mit hoher Stimme.

VALENTIN *ganz baff* Was? – Du liebst einen andern???? Wia
    kannst denn Du dös toa, – Du R u f a!??? *singt*

    Du liebest einen andern!
    Das machst Du mir nicht weiß, *weiß*
    Ich kann es gar nicht fassen,

Mir wird um's Herz so hoaß – heiß!

An mir, da nagt der Kummer,

Mein Haar wird langsam grau! *blau*

zum Beleuchter Blaue Haare gibt's do' net! – grau hab i g'sagt!

Ich kann's nicht überleben,

Ich sterb' hier auf grüner Au! *gelb* – grüner Au! –

Vergess' nie, daß in finsterer Nacht *weiß*

spricht finsterer Nacht – finsterer Nacht – geh' – was is' denn
mit der Nacht? – Ich kann mi' do' net beim Tag umbringa! –
schwarz –

singt –

Dein Liebster sich hier umgebracht.

Ersticht sich mit einem Degen, fällt zu Boden.

singt

Da lieg' ich nun als Leiche

Vor deinem Fenster tot!

Am Horizont, da leucht' mir

Das letzte Morgenrot! *blau*

steht zornig auf I mag nimmer, – i lass' mi' net dablecka! I lass'
mir do' net die schöne dramatische Szene verpatzen! – Wenn
Sie das Morgenrot blau beleuchten, dann tun S' mir leid –
jetzt grad am Schluß, wo alles geweint hätt', verpatzen Sie
alles – und 's Liebchen, – dös Rindvieh lacht, wenn ich stirb –
mit solche Leut' kann ma nix mach'n! *zum Publikum* Wissen
S', wenn zum Beispiel im Hoftheater so 'was passiert, dann
lassen's wenigstens einen – so eisernen Vorhang 'runter, –
dann sieht das Publikum nicht, was auf der Bühne los ist, –
aber d a hat man ja nichts auf der Bamberlbühne! – Man
könnt' schon einen anmachen, – sehn S', wenn man *erklärt
dem Publikum eiserne Träger und Rollen und sagt* Also, –
entschuldigen S' vielmals!

Der Bühnenhintergrund zeigt eine grobgemalte Hochalpenland-
schaft mit steilen Felsgipfeln, Gletschern, Schneekaren und am
unteren Rand Tannenwald. Davor sitzen an einem Zithertisch
der Vater und der Sohn im Tirolergewand. An die vorderen Füße
des Tisches haben sie zum Publikum gewendet ein Stück Pappe
gelehnt, auf dem eine Sennhütte mit einem Röhrlbrunnen im
Vordergrund und weitere Gletscher- und Schneeberge aufgemalt
sind. Diese Pappe hat in der Mitte ein Gelenk, so daß sie zu-
sammengeklappt werden kann. Auf dem Zithertisch liegt die
Zither des Sohnes und seine Bauernklarinette aus braunem Holz.
Vor der Zither steht eine Kälberglocke mit schrillem Ton. An der
linken Schmalseite des Tisches sitzt

DER VATER. *Er trägt einen hohen, spitz zulaufenden Tirolerhut*
mit einer langen runden Hahnenfeder, eine graue Tirolerjoppe
mit grünem Ausputz und dunkelgrüne Hose. Auf seiner mächti-
gen Nase sitzt eine Nickelbrille mit kleinen Gläsern, Backen,
Mund und Brust sind von einem riesigen Schnurrbart und Voll-
bart bedeckt, dessen Zipfel bis zur Taille hinabgehen. Er spielt
eine altertümliche Tirolerklampfe ohne Kontrabässe.

DER SOHN (*Karl Valentin*) *trägt ein flaches, rundes Tirolerhütl*
mit einer großen weißen Adlerflaumfeder darauf. Er hat eine
pfiffige Nase angeklebt, seine graue Tirolerjoppe mit grünem
Ausputz und Hirschhornknöpfen ist geöffnet, so daß man die
grüne Weste mit Silberknöpfen und die gestickten Hosenträger
darunter sieht. Unter dem weißen Hemdkragen kommt eine
leuchtend rote Krawatte hervor.

DIE TOCHTER (*Liesl Karlstadt*) *ist in ein dürftiges Dirndl geklei-*
det, das in schreienden Farben ein schottisch kariertes Muster
zeigt. Um den Hals trägt sie eine weiße Schleife und über der in
der Mitte gescheitelten, straff über die Ohren gelegten Frisur ein
flaches, rundes, schwarzes Tirolerhütl mit buntem Aufputz. Ein
kurzes weißes Schürzchen mit Klöppelspitzen hat sie umge-

bunden.

DER HERR DIREKTOR *kommt mit Brille, angeklebter Nase und mächtigem Schnurrbart im Smokinganzug mit schwarzer Schleife auf die Bühne.*

Noch bei geschlossenem Vorhang stimmt das ganze Terzett hinter der Szene an

ALLE DREI

 Grüß Gott, grüß Gott mit hellem Klang,

 Heil deutschem Lied und Sang.

Während des Schlußakkords öffnet sich der Vorhang schnell und enthüllt das rührende Bild des um den Zithertisch versammelten Terzetts ›Alpenveilchen‹, zu dem sich gelegentlich als Vierter ein Harmonikaspieler gesellt.

DER VATER

 Mei' Schatzerl hoaßt Nannerl,

 Hat schneeweiße Zahnerl,

 Hat kohlschwarze Knia,

 Aber g'sehng hab' is nia.

ALLE DREI

 Hat kohlschwarze Knia,

 Aber g'sehng hat er s' nia. –

Es folgt ein Jodler.

DER SOHN Du kimmst, Vater!

DER VATER I woaß scho! *Er singt*

 Zwischen Bergen, die voll Schnee, duljö,

 Duljö, duljö, duljö, hoho,

 Liegt a himmelblauer See!

DER SOHN Der Vater is allaweil no' verschleimt!

ALLE DREI

 Almarausch, Almarausch, bist a schöns Bläamerl!

 Almarausch, Almarausch, blüaht so schö' rot!

Es klopft dreimal.

DER SOHN Was schlagt denn da drauß auf dem Tannabaum?

DER VATER *und* DIE TOCHTER *antworten*

Was hör' i die ganze Nacht schrei'n (Kikeriki),
Was muß denn des nur für a Vogerl sei',
Des kann doch koa Nachtigall sei'.
Naa, naa, mei' Bua, des is koa Nachtigall,
Naa, naa, mei' Bua, des derfst net glaub'n.
A Nachtigall schlagt auf koan Tannabaum,
De schlagt auf ara Haselnußstaudn.

DIE TOCHTER

Und der Vater hat neulich der Dirn
A Birn aufig'worfa aufs Hirn,
Jetzt tuat der Dirn
'S Hirn weh von der Birn.
Denn a so a Birn
G'spürt ma auf der Stirn,
Drum wirft der Vater der Dirn
Koa oanzige Birn mehr auf's Hirn.

*Sie knickst gschamig und dankt für den Beifall; in ihren Abgang
hinein platzt plötzlich als Einlage ein kurzer Foxtrott.*

Dann singt wieder DER SOHN

I bin a Steyrer-Bua
I hab a Kernnatur –

DER VATER A Hundsbua bist, daß d'as woaßt!

DER SOHN Wer is a Hundsbua? *Er springt auf und zieht sein
Messer.*

DER VATER Schamst di net vor dein alten Vatern? Glei' spielst
weiter!

DER SOHN Alt bist net, aber schierli'. Oan spiel i no, na mag i
nimmer! *Er setzt sich wieder.*

ALLE DREI *singen*

Im schönen Isartal
Tönt muntrer Büchsenknall,
In Tölz, da is a Schiaßats heut,
Das freut uns allemal.
Drum packts an Stutz'n an
Wer zieln und treffn kann,

Mit frischem Mut,
An Strauß am Hut,
So liebt's das Schützenblut.
Frisch, flott und stramm im Takt,
Die G'schicht gleich angepackt,
D' Musikanten fesch voran,
Da blast a jeder, was er kann,
Alles nur »Juhe« schreit,
Vor lauter Lustbarkeit.
Duljö, duljö, duljö, duljö,
Des is a wahre Freud!
Ja, ja, ja, ja, des is a Freud, a Freud, a Freud, a Freud!...

Sie finden keinen Schluß mehr, bis der Sohn aufhört und ruft

DER SOHN Als zweites kommt das schöne Lied »'s Edelweiß« –
gsungen von der Berger Vroni – unserer Tochter! *Er läutet
mit der vor ihm stehenden Handglocke.*

DER VATER M e i n e r Tochter!

DER SOHN Die g'hört scho dei, die nimmt dir neamd! *Er läutet
wieder. Die Tochter tritt züchtig vor mit einem künstlichen
Edelweiß an überlangem Stengel.*

DER VATER Stell dich doch weiter vor!

DIE TOCHTER Was?

DER SOHN Weiter vor stelln sollst di! – Möchtst es net hint im
Rückgebäud singa?
*Die Tochter dreht sich um und geht rückwärts mit dem Rük-
ken zum Publikum gegen die Rampe vor.*

DER SOHN Drah di do um! Mechtst as net uns vorsinga – Hast's
Bleamerl? *Er beugt sich nochmals zum Publikum vor und läutet* »'s Edelweiß!« *Dann läßt er das Vorspiel auf seiner Zither
folgen und ruft zur Tochter, ehe sie überhaupt angefangen
hat* – Höher – höher!

DIE TOCHTER *singt zu hoch* Wer nennt mir jene Blume, die allein –

DER SOHN Kimmst ja net nauf!

DIE TOCHTER So hoch kann i überhaupt net singa!

DER SOHN Warum singst na so hoch?

DIE TOCHTER Weilst mas du anschaffst, grad hast gsagt, höher, höher!

DER SOHN Rindviech! Ich hab gmoant, 's Bleamerl sollst höher naufhebn! Also, jetzt singst halt tiefer! *Er beugt sich wieder zum Publikum vor und läutet* »'s Edelweiß«, tiefer!

DIE TOCHTER *singt nun viel zu tief* Wer nennt mir jene –

DER VATER *haut sie auf den Arm, so daß sie weint* Hörst denn net, daß z'tief is!

DER SOHN Jetzt bläckt er, der Socka! Sing's halt dann in der Mitt drinn! *Er beugt sich abermals zum Publikum vor und läutet* »'s Edelweiß« in der Mitt'n!

DIE TOCHTER *singt nun endlich richtig*
Wer nennt mir jene Blume, die allein
Auf steiler Alm erblüht im Sonnenschein,
Die schönste Zierde unsrer Alpenwelt,
Hoch droben einsam wächst vom Schnee erhellt.
Plötzlich kann sie nicht mehr weiter.

DIE ANDERN *flüstern ihr immer überlaut zu* Die schönste Zierde unsrer Alpenwelt!

SIE *aber wiederholt fortgesetzt die letzte Zeile*
Hoch droben einsam wächst vom Schnee erhellt!
Bis Vater und Sohn entschlossen und unter heftigem Poltern ihrer Stühle aufstehen und zornig abgehen. Die Tochter bleibt allein auf der Bühne und fängt die zweite Strophe zu singen an
Der Hirtenknabe auf den – *Sie hört plötzlich auf und sagt* A so, die spieln ja gar nimmer!

VATER *und* SOHN *kommen wieder herein und sagen* Ja, könna mir des schmecka, daß du no a Stroph singst?

DIE TOCHTER Vom Edelweiß hab i jedesmal zwei Strophn gsungen.

DER SOHN An Dreck, 's Edelweiß hat ja bloß oa Stroph, außer du singst die erste zwoamal!

DIE TOCHTER Aber der Vater hats do heut in der Fruah beim

Kaffee sogar gsagt, daß i zwoa Strophn singa muaß!

DER SOHN Heit ham ma gar koan Kaffee ghabt, heit ham ma an Kakao ghabt. Jetzt tua nur grad amal 's Bleamerl runter, da halt sie's immer in der Hand! – jetzt gehst naus und laßt dir vom Wirt zwoa Teller gebn, dann gehst zum Sammeln. *Die Tochter geht langsam und gschamig ab.*

DER SOHN *ruft der Tochter nach* Zum Christkindl kriagst Rollschlittschuh, daß d' schneller gehn kannst! *Er beugt sich zum Publikum vor* Währenddem, daß unser Vroni zum Sammeln geht, werden wir uns erlauben, Ihnen den Klarinett-Ländler vorz'blasn vom Beethoven. *Er läutet und fängt zu blasen an, indem er gelegentlich die Töne pfeift, die er auf der Klarinette nicht trifft. Die Tochter kommt mit den Tellern zurück, stellt sich neben den Sohn hin und schaut recht blöd. Der Sohn will ihr sagen, daß sie zum Sammeln gehen soll, kann aber nicht sprechen, weil er bläst, und macht ihr immer mit der Klarinette komische Kreise vor, um ihr klarzumachen, daß sie herumgehen soll. Als sie diese Verrenkungen keineswegs versteht und nur noch depperter dreinschaut, platzt ihm endlich die Geduld und er schreit* Ja, geh nur grad amal!

Die Tochter geht verschüchtert zum Sammeln ab. Noch ehe sie die Treppe in den Zuschauerraum hinunter ist, erscheint der Herr Direktor

DER HERR DIREKTOR Was wolln Sie denn da? *Zum Sohn* Hörn S' auf mit dem Blasen! *Zur Tochter* Was tun Sie denn mit dem Teller?

DIE TOCHTER Sammeln muaß i!

DER HERR DIREKTOR Für was wolln Sie denn da sammeln?

DIE TOCHTER Für den Kunstgesang, wo mir ham!

DER HERR DIREKTOR Was? Kunstgesang? Des is ja a Hundsgesang! – Und da wolln Sie noch sammeln? Wer hat Ihnen denn das erlaubt?

DIE TOCHTER Mei Vater hats gsagt!

DER HERR DIREKTOR So! Wer is denn Ihr Vater?

SOHN *und* TOCHTER *deuten auf den Vater hin* Der da, – der

ältere!

DER HERR DIREKTOR Und wer ist denn der Dürre?

DIE TOCHTER Des is mei Bruder!

DER HERR DIREKTOR Also, das ist gleich, da im Hotel* darf nicht gesammelt werden, das geht nicht. Da hab'n Sie einen Brief, den geb'n Sie Ihrem Vater und dann packen Sie zusammen und verlassen augenblicklich die Bühne.

DIE TOCHTER Ja, is scho recht! *Der Sohn fängt sofort wieder an zu blasen. Der Herr Direktor schaut im Abgehen immer wieder grimmig auf die Bühne und macht gebieterische Bewegungen, damit der Sohn das Blasen einstellen solle.*

DER SOHN Was hat denn der wolln? Warum hat er denn so g'schimpft? – Ja red halt, – oder – leg Buchstabn daher, na setz' i mir's selber z'samm!

DIE TOCHTER I hätt sammeln wolln, und dann is der rei'kemma und hat mir den Briaf gebn!

DER SOHN Des wird halt der Briefträger g'wesn sei! Da! Vater, lies den Brief!

DER VATER Ja, i kann ihn net lesen, i hab meine Augenglasln net dabei – lesn doch du!

DER SOHN Ja, des kann i net lesen, des is mit der Dampfmaschin' g'schriebn, les'n du – hast'n ja kriagt aa!

DIE TOCHTER Sehr geehrte Alpensängertruppe ›Gebirgsveilchen‹!

DER SOHN Des is unser Firma!

DIE TOCHTER *liest* »Nachdem Ihr Kunstgesang mir und dem werten Publikum gar nicht gefällt, verlange ich, daß Sie binnen einer Minute die Bühne samt Instrumenten und Inventar verlassen. Die Direktion.«

DER SOHN Wia hoaßt er?

DIE TOCHTER Direktion!

DER SOHN *zum Vater* Da hast es jetzt mit dei'm feinen Varieté-Theater, wär'n ma zum Mathäser ganga, hätt ma a guat's

---

* Gemeint ist das Hotel ›Frankfurter Hof‹, wo das ›Alpensänger-terzett‹ zuerst aufgeführt wurde.

G'schäft gmacht! Aber du kommst immer mit de feina Leut
daher. Die wolln dort koa Glampf'n und koa Zither hörn, die
mögn dort bloß an Grammophon und a Harpfa!

DIE TOCHTER Jetzt geh nur, sunst kommt er nomal daher!

DER SOHN Ja laßn nur kemma, – aber deswegn lassen ma uns a
koane graun Haar wachsen, weil mir scho in andere Etablisse-
menta g'spielt ham als wia daherin in dera Boaz'n! – Sie san
no amal froh, wenn S' solchane Volkssänger kriagn, wia mir
san! – Sie san net auf uns a'gwiesn, aber mir auf Eahna, des
müassens Eahna merka! – Geh weiter, Vater, pack 's Gebirg
z'samm, dann gehn ma. *Alle gehen ab. Dabei klappt der Vater die am Zithertisch zum Publikum lehnende Pappe mit der
Gebirgslandschaft zusammen, klemmt sie unter den Arm und
nimmt sie mit.*

Vorhang

TINGELTANGEL

*In diesem Stück gibt es keine Dekorationen, und das Orchester,
von welchem unser Spiel auch einen seiner Titel: ›Vorstadtorchester‹ bekommen hat, sitzt mit seinem Original von Musiker, den*
KARL VALENTIN *spielt, auf den gleichen Stühlen vor dem Podium,
wie die kleine Kapelle auch sonst Tag für Tag immer. Und wie
sieht er aus!* »Er hat eine spaßige Nase aufgeklebt, die Backen
karminrot gefärbt, und widerspenstig springt das zu kurze,
schmierige Vorhemd aus dem Rahmen der Weste. Wie er da auf
seinen zwei Groteskbeinen steht, sehen wir tief in die arme Seele
und riechen die muffige Stube, in der er haust.« *(Alfred Polgar)*
»Alles an ihm ist dürftig, spitz, lang, dürr. Seine Beine sind Be-
senstiele, in enge schwarze Zugröhren gezwängt, aus denen die
Knie gefährlich herausstechen. Seine Finger sind Gartenscheren,

sein Kinn ist ein spitzes Kap. Ein langer Hals hebt aus dem Kra-
gen einen Kopf, der selbst mit Zinnoberbacken noch farblos
wirkt. Dünn das blonde Haar. Auf der langgeklebten Nase eine
Hornbrille ohne Gläser. Pallenberg ist von Rabelais gedichtet,
dieser Valentin von Jean Paul.« (Monty Jacobs)

DEN KAPELLMEISTER *spielt Liesl Karlstadt im Spitzbart und mit*
einem kleinen Schmerbäuchlein. Wirr steht ihr die schwarze
Künstlermähne um das Haupt. Der abgeschabte Frack mit sei-
nen glänzenden Ellenbogen scheint vom Trödler zu stammen. Die
Gummiröllchen rutschen im Feuer des Dirigierens immerzu aus
den Ärmeln, dabei bimmelt die riesige Uhrkette über der schäbi-
gen Weste hin und her, und das schwarze Lötschlipsl rutscht am
viel zu weiten Gummibandl fortwährend herunter aufs Gummi-
chemisett. »Dieser Kapellmeister ist unbeschreiblich echt in jedem
Zug, in jeder Einzelheit des Gehabens: dem Über-die-Brille-Weg-
schauen, der Art, die linke Hand auf dem Rücken unter den
speckigen Rock zu schieben, dem phlegmatisch-selbstbewußten
Dirigieren und der ganzen griesgrämig-groben Tonart seiner
Orchestertyrannis.« (Rudolf Bach)

DIE SÄNGERIN *ist eine recht üppige Erscheinung. Sie trägt ihr*
Abendkleid aus brüchiger Seide mit Würde und außerdem einen
»falschen Wilhelm« um den Kopf gewickelt, der die Neigung
hat, sich selbständig zu machen.

DIE SOUBRETTE *läßt öfters ihren dunkelweißen Spitzenunterrock*
hervorblitzen, auch sie hat etwas »vui Holz vor der Hüttn«, ihren
Schuhen sieht man es an, daß sie lang nicht beim Schuster waren.

Selbst aus den weiteren Nebenfiguren verstand Karl Valentin
immer neue groteske Erscheinungen hervorzuzaubern: den
KUNSTRADFAHRER, *unendlich lang und dürr im eng anliegenden Tri-*
kot sein Dreirad einherschiebend, den TÜRKISCHEN ZAUBERER *im*
weiten Kaftan, der mit kabbalistischen Zeichen benäht ist, –
einst von dem unvergeßlichen Wenninger oder dem dicken Rük-
kert gespielt, – seinen GEHILFEN, *ein echtes Giesinger Lausbuben-*
gesicht, den HUNGERKÜNSTLER *im Konfektionsanzug, den* THEA-
TERMEISTER *im weißen Kittel, den hemdsärmeligen* TAPEZIERER

mit der grünen Schürze, die FRAU KAPELLMEISTER, *eine richtige*
»Bißgurn« im Kapotthütchen, und die Musikanten der Hauska-
pelle, die sich selbst spielen.

Wenn der Vorhang der Vorderbühne aufgeht, sieht man – bei
geschlossenem Vorhang der Hinterbühne – nur den Stehgei-
ger und zwei weitere Musiker damit beschäftigt, ihre Blechno-
tenpulte auseinanderzuklappen und aufzustellen und sich
Stühle zu holen, auf die sie sich pomadig hinsetzen. Der Steh-
geiger schaut auf die Uhr. In diesem Moment kommt der vier-
te Musiker auf die Bühne.

STEHGEIGER Los! Los! Warum kommen Sie so spät?

DER VIERTE MUSIKER Weil es so heiß ist!

Er wischt sich den Schweiß von der Stirne, setzt seinen Stroh-
hut ab, legt seine Joppe, die er unterm Arm getragen hatte,
auf den Stuhl und setzt sich. In diesem Moment kommt der
fünfte Musiker herein, der vollständig durchnäßt ist.

STEHGEIGER Nanu – was ist denn los? Sie sind ja ganz naß!
Regnet es denn?

DER FÜNFTE MUSIKER Es wolkenbrüchelt.

Als sich der fünfte Musiker auch ausgezogen und gesetzt hat,
kommt Karl Valentin herein im Pelzmantel, steifen Hut,
Handschuhen, über und über mit Schnee bedeckt.

STEHGEIGER Um Gotteswillen! Was soll denn das heißen!
Schneit es denn?

KARL VALENTIN Furchtbar! Eminent!

STEHGEIGER Der eine schwitzt, der zweite sagt, es regnet, und
Sie kommen mit Schnee!

KARL VALENTIN Wer sagt, daß es regnet?

STEHGEIGER Der Herr Müller hat soeben gesagt, daß es furchtbar regnet.

KARL VALENTIN *zu Herrn Müller* Ja, wo sind denn Sie herge-
kommen?

DER FÜNFTE MUSIKER Von der Theresienstraße.

KARL VALENTIN Ja, i bin von der Schwanthalerhöh hergekom-
men.

STEHGEIGER *zu Valentin* Also Schluß mit dem Unsinn! Ziehn Sie sich aus.

KARL VALENTIN Ganz?

STEHGEIGER Nein, nur Hut und Mantel sollen Sie ablegen *Valentin legt alle seine Sachen auf das Klavier* Halt! Halt! Nehmen Sie die Sachen hier weg! Es wird ja alles naß von dem Schnee.

KARL VALENTIN Der zerrinnt nicht, ist ja nur Christbaumschnee.

STEHGEIGER Richten Sie lieber Ihre Noten her, daß alles fertig ist, wenn der Herr Kapellmeister kommt!

Valentin setzt sich. Ein letzter Musiker kommt.

DER LETZTE MUSIKER Ist unser Kapellmeister noch nicht da?

KARL VALENTIN Nein, bis jetzt noch nicht, vielleicht kommt er später?

DER LETZTE MUSIKER Bei uns schimpft er gleich, wenn einer mal zu spät kommt, aber er darf sichs ja erlauben, der alte Aff.

KARL VALENTIN Der sitzt höchstens wieder drüben in der Wirtschaft und sauft eine Maß nach der andern, der besoffene Uhu

DER LETZTE MUSIKER Könna tut er auch nichts, der alte Depp, der kennt ja nicht einmal die Noten, ich kann überhaupt nicht verstehen, wie der da herein in das Theater als Kapellmeister gekommen ist.

KARL VALENTIN Durch Projektion – sonst haben sie ihn nirgends brauchen können, den alten Grantlhauer, weil er von der Musik ja gar nichts versteht.

Der Kapellmeister tritt unbemerkt auf, er hört ruhig zu.

DER LETZTE MUSIKER Ja, mir wenns amal zu dumm wird, dann kann er etwas erleben, der spinnate Kerl. Der ist ja sowieso schon sechs Jahre narrisch.

KARL VALENTIN Nein, das reicht nicht mehr, der ist schon sechzig Jahr narrisch.

DER LETZTE MUSIKER *dreht sich um, sieht den Kapellmeister, grüßt ihn leise* Guten Abend – *zu Valentin, schnell* Komm, richt endlich deine Noten her und red nicht immer so viel, sonst wenn der Herr Kapellmeister kommt, bist wieder nicht fertig, dann muß er sich gleich wieder ärgern.

KARL VALENTIN Seit wann sagst du: Herr Kapellmeister?

DER LETZTE MUSIKER Ich habe noch nie anders gesagt wie Herr Kapellmeister –

KARL VALENTIN Jetzt schau einen solchen Konditor an, Herr Kapellmeister sagt er auf einmal, und sonst schimpft er die ganze Zeit über ihn!

DER LETZTE MUSIKER Das ist nicht wahr, ich hab noch nie über unsern Herrn Kapellmeister etwas gesagt, du hast grad gsagt, daß er sechs Jahre narrisch ist.

KARL VALENTIN Ich hab gsagt sechzig Jahr –

Der letzte Musiker hustet verlegen.

KARL VALENTIN Was hast denn auf einmal, warum sprichst denn nichts mehr? *Zu den andern* Was schaut ihr denn so blöd? Habt ihr mir wieder was naufghängt? *Er dreht sich um und sieht den Kapellmeister.*

DER KAPELLMEISTER Jetzt horch ich Ihnen bereits fünf Minuten lang zu –

KARL VALENTIN So lang schon?

DER KAPELLMEISTER Wen haben Sie denn da gemeint mit dem alten Aff?

KARL VALENTIN Meinen Bruder.

DER KAPELLMEISTER So, Ihren Bruder – – Sie haben doch einmal zu mir gesagt, Sie haben gar keinen Bruder –

KARL VALENTIN Nein –

DER KAPELLMEISTER Wen haben Sie dann gemeint?

KARL VALENTIN Meine Schwester.

DER KAPELLMEISTER Erst den Bruder und dann die Schwester?

KARL VALENTIN Jawohl –

DER KAPELLMEISTER Und ich bin so dumm und glaub das gleich –

KARL VALENTIN Jawohl –

DER KAPELLMEISTER Nein, absolut nicht – Sie, da wenn ich Ihnen drauf komme, wen Sie da gemeint haben, aber dann spukts!

KARL VALENTIN Da kommen S' nicht drauf.

DER KAPELLMEISTER Das wird auch gut sein – da hört sich doch

49

alles auf! – Guten Abend, meine Herrn –

ALLE MUSIKER Guten Abend, Herr Kapellmeister.

DER KAPELLMEISTER Es ist ganz gut, wenn man auf eine solche Art und Weise seine Leute richtig kennenlernt, da tut er mir immer so schön ins Gesicht, und wenn ich nicht da bin, dann schimpft er über mich. Der falsche Kerl – – !

KARL VALENTIN Das kann ich doch nicht wissen, daß Sie hinter mir stehen.

DER KAPELLMEISTER Sie habens notwendig, Sie sind der Allerschlechteste unter allen.

KARL VALENTIN Die andern auch –

DER KAPELLMEISTER Sind die Noten schon aufgeschlagen? Der erste Marsch kommt –

KARL VALENTIN M – – – arsch – – –!

DER KAPELLMEISTER Was sagen Sie?

KARL VALENTIN Wissen Sie einen Reim auf Marsch?

DER KAPELLMEISTER Nein.

KARL VALENTIN WWWarsch – – WWarschau – abgekürzt –

DER KAPELLMEISTER Unterlassen Sie die Witze – sind S' nicht ungezogen – jetzt fangen wir an. – Also, heut muß amal ganz genauso gspielt werden, wie ich dirigiere!

KARL VALENTIN So kenna ma net spieln, da kriegn ma fünf Jahr wegn groben Unfug!

DER KAPELLMEISTER Ruhig! – Heut muß amal so gspielt werdn, wie ich dirigiere – und wem das nicht paßt, der soll machen, daß er heim kommt! *Alle gehen.* Wo laufen S' denn hin?

KARL VALENTIN Uns paßts nicht!

DER KAPELLMEISTER Ihr paßts mir schon lang nimmer! – Setzen S' Ihnen hin!

KARL VALENTIN Beim ›Flaucher‹ hat doch die Musik auch immer klappt, – grad Sie masseln immer!

DER KAPELLMEISTER Ja – Sie werden doch nicht die Flauchermusik mit diesem Orchester vergleichen? – Warum sind S' denn da nicht droben bliebn, wenns Ihnen da gar so gut gfalln hat beim Flaucher?

KARL VALENTIN O mei, gfalln tuats mir gar nirgends, wo i ar-
    beitn muaß – und dann bin ich ja in den Chinesischen im Eng-
    lischen abikemma.
DER KAPELLMEISTER Wo is denn dees?
KARL VALENTIN Im englischen Turm im chinesischen Garten!
DER KAPELLMEISTER So? Wieviel Mann warn S' denn da?
KARL VALENTIN Ja – zehn Mann, – fast elf!
DER KAPELLMEISTER Entweder warns zehn o d e r elf!
KARL VALENTIN Elf warns auf keinen Fall! –
DER KAPELLMEISTER Na also, dann warns eben zehn!
KARL VALENTIN Nein, acht Stück!
DER KAPELLMEISTER Was?
KARL VALENTIN A Stuckera achte!
DER KAPELLMEISTER Acht Stück Mann – das hab ich noch nie ge-
    hört! – Ich weiß was von acht Stück Zigarren, – oder von acht
    Stück Weißwürst –!
KARL VALENTIN Ah – ah!
DER KAPELLMEISTER Ja, wenn man nur vom Essen was spricht, –
    da wird er lebendig! Was habn denn Sie für a Instrument
    blasn bei dene acht Mann?
KARL VALENTIN Da hab ich net blasn, da hab ich gsammelt!
DER KAPELLMEISTER Also, jetzt fang ma an und probierns amal –
    und wenns nix is, dann hörn ma wieder auf!
KARL VALENTIN Hörn ma glei auf!
DER KAPELLMEISTER Das tät Ihna passn! Obacht geben, jetzt
    fangen wir überhaupts erst richtig an!
KARL VALENTIN Pause –?
DER KAPELLMEISTER Was Pause – Wie kommen denn Sie jetzt auf
    Pause – Wer hat denn jetzt ein Wort von einer Pause gesagt?
KARL VALENTIN Haben nicht Sie grad Pause gesagt?
DER KAPELLMEISTER Ich – – Ich hab ja gar nicht dran gedacht an
    eine Pause – Sie haben grad gsagt Pause –
KARL VALENTIN Ich habs gsagt?
DER KAPELLMEISTER Jawohl, grad im Moment haben Sie's gsagt!
KARL VALENTIN Drum, ich habs ja ghört!!

DER KAPELLMEISTER Das würde Ihnen so passen, gleich am Anfang eine Pause machen, da wird nichts draus, jetzt gehts los.
Er klopft ab.

KARL VALENTIN Halt – husten muß ich zuerst noch –

DER KAPELLMEISTER Jetzt hätten Sie so lange Zeit gehabt, zum
Husten, im letzten Moment fällt es ihm ein, also husten Sie
noch schnell, dann warte ich – vorwärts – was ist denn? *Alle
warten und sehen ihn an.*

KARL VALENTIN Jetzt muß ich nicht –

DER KAPELLMEISTER *klopft ab* Folies-Bergères-Marsch wird ge-
spielt. *Valentin bläst einmal falsch, deutet auf den anderen
Trompeter und bläst zum Schluß einen Takt nach.* Was blasen
S' denn da noch nach, wir sind doch schon fertig!

KARL VALENTIN Ich hab ja später angfangt auch.

DER KAPELLMEISTER Wo steht denn das, was Sie da nachblasn
habn?

KARL VALENTIN Wer hat nachblasen?

DER KAPELLMEISTER Sie haben doch einen Ton nachgeblasen!

KARL VALENTIN Ich?

DER KAPELLMEISTER Natürlich Sie!

KARL VALENTIN An Dreck!

DER KAPELLMEISTER Sind Sie nicht so frech – Sie haben eben
einen Ton nachgeblasen!

KARL VALENTIN Ich hab do net nachblasn! – Ah – das war höchstens das Echo!

DER KAPELLMEISTER Da gibts doch kein Echo!

KARL VALENTIN Natürlich! Wenn man nach der Musik plötzlich
aufhört, dann klingts doch drüben nach – das ist genau so,
wenn man ein Lied singt und man hört plötzlich auf, – dann
gibts ein Echo! – Passen S' auf! *Er singt* Kommt ein Vogerl
geflogen, setzt sich nieder auf mein Fuß. – *Pause – man hört
hinter der Szene: »Fuß«.* Haben Sie's ghört? – Echo!

DER KAPELLMEISTER Schmarrn! – Ja, wenn S' das Lied in einen
Wald neisingen, dann gibts ein Echo! Aber hier nicht! Folge-
dessen haben Sie nachgeblasen und damit basta!!

KARL VALENTIN Ja, da brauchen wir nicht lang streiten – hab ich nachblasen oder war das ein Echo??

DER KAPELLMEISTER Das war kein Echo, Sie haben nachgeblasen!

KARL VALENTIN Dann hör ich auf!

DER KAPELLMEISTER Gut, dann hörn Sie auf!

KARL VALENTIN Fragen Sie den Alfons, ob ich nachblasn hab!

DER KAPELLMEISTER Alfons, sagen Sie, der hat doch nachgeblasen?!

ALFONS Da laß ich mich überhaupt nicht ausfragen! – Denn wenn der aufhört, dann mag ich auch nimmer dableibn!

KARL VALENTIN So – und wenn der aufhört, dann hörn die andern auch alle auf, und dann kannst dir an Grammophon kaufen!

DER KAPELLMEISTER Ja, da bin ich besser dran, da brauch ich mich wenigstens nicht ärgern.

KARL VALENTIN Wennst es aber überdrehst und d'Feder abreißt, dann hast gar nix – und anzeigen tun wir Ihnen auch, weil S' uns immer in d' Invalidenkarte lauter braune Rabattmarken neipappn! Sie Schwindler!

DER KAPELLMEISTER Also da hört sich doch alles auf! *Zu einem grauhaarigen Musiker* Sie sind der Älteste. Sagen Sie, hat der nachgeblasen oder wars ein Echo?

DER GRAUHAARIGE MUSIKER Das war ein Echo!

DER KAPELLMEISTER Schaun S' daß nauskommen, Sie! *Zum Publikum* Verzeihen die Herrschaften, es handelt sich hier um eine musikalische Streitfrage. Hat er nachgeblasen oder war es ein Echo?

PUBLIKUM Das war ein Echo!

DER KAPELLMEISTER *resigniert* Da bin ich halt überstimmt. – Also jetzt kommt die Sängerin dran. Die Dame müssen Sie mit Streichmusik begleiten, die Trompete ist zu laut.

Alle Musiker nehmen Streichinstrumente zur Hand. Karl Valentin nimmt die Trompete und die Violine in die Hand.

DER KAPELLMEISTER Streichmusik hab ich gesagt. Schaun Sie sich doch an. *Valentin richtet sein Vorhemd, versucht, sich ein*

Loch von der Hose wegzuwischen. Was wischen S' denn da rum? – Das ist doch ein Loch!

KARL VALENTIN Mit Benzin gehts schon raus! *Dann nimmt er die Trompete und den Geigenbogen, endlich die Geige und den Bogen, hält ihn aber verkehrt.*

DER KAPELLMEISTER Wieder verkehrt! Ich glaub, Sie sind heut besoffen?

KARL VALENTIN Jetzt noch nicht.

DER KAPELLMEISTER Also fertig, die Sängerin will doch singen!

KARL VALENTIN Wegen uns brauchts nicht singen.

DER KAPELLMEISTER Wegen Ihnen singts auch nicht, sondern wegen dem Publikum!

Man hört Glockenzeichen und einen Tusch. Der Vorhang der Hinterbühne bewegt sich ein wenig, geht aber nicht auf.

DER THEATERMEISTER *kommt auf die Bühne* Herr Kapellmeister, ich bring den Vorhang nicht auf, der ist kaputt!

DER KAPELLMEISTER Warum richten Sie dann denn den Vorhang nicht?

DER THEATERMEISTER Ich kann ihn nicht richten.

DER KAPELLMEISTER Auf der ganzen Welt wird sich doch einer finden, der den Vorhang richten kann.

KARL VALENTIN Ein Richter!

DER KAPELLMEISTER Da muß man eben einen Tapezierer haben. Gehen Sie einmal zum Tapezierer und holen Sie ihn.

DER THEATERMEISTER Ich weiß nicht, wo der Tapezierer wohnt.

KARL VALENTIN Das ist doch gleich, wo der wohnt.

DER KAPELLMEISTER Das ist nicht gleich, wo der wohnt. Das muß man doch wissen.

KARL VALENTIN Der Tapezierer wirds doch selber wissen, wo er wohnt. Den braucht er doch nur fragen.

DER KAPELLMEISTER Wie kann er denn das, wenn er nicht weiß, wo er ihn finden kann.

KARL VALENTIN Den wird er schon einmal treffen auf der Straße.

DER KAPELLMEISTER Unsinn! Wer weiß, wo der Tapezierer wohnt?

KARL VALENTIN Einen weiß ich schon, der wohnt Ecke Theresienwiese und Kaufinger Straße.

DER KAPELLMEISTER Also, da gehen Sie hin! Sagen Sie eine Empfehlung von mir, unser Vorhang hat sich verhängt, wenn er
einmal Zeit hat, soll er rüberkommen bei Gelegenheit.

*Der Theatermeister geht ab. Auf eine entsprechende Geste
des Kapellmeisters ziehen zwei Musiker den Vorhang in der
Mitte etwas auseinander. In dem Ausschnitt wird die Sängerin sichtbar.*

DER KAPELLMEISTER Aha, die Sängerin ist auch schon da, die hab
ich noch gar nicht bemerkt.

DIE SÄNGERIN Ein Lied: Das verlorene Glück.

KARL VALENTIN Was hats verlorn?

DER KAPELLMEISTER Ihr Glück hats verlorn.

KARL VALENTIN Inserieren lassen!

DIE SÄNGERIN *singt*

> So oft der Frühling durch das offne Fenster
> Am Sonntagmorgen uns hat angelacht,
> Da zogen wir durch Hain und grüne Felder.
> Sag, Liebchen, hat dein Herz daran gedacht?

*Karl Valentin spielt ganz falsch auf der Geige dazu. Der Kapellmeister schimpft darüber. Darauf stimmt er die Geige. Der
Kapellmeister schimpft wieder. Die Sängerin immer weitersingend*

> Wenn abends wir die Schritte heimwärts lenkten,
> Dein Händchen ruht in meinem Arm,
> So oft der Weiden Rauschen dich erschreckte,
> Da hielt ich dich so fest, so innig warm.

*Der Theatermeister und ein Tapezierer kommen mit Leiter
und Werkzeug durch den Zuschauerraum auf die Bühne gepoltert. Die Sängerin*

> Zu jener Zeit, wie lieb ich dich, mein Leben,
> Ich hätt geküßt die Spur von deinem Tritt,
> Hätt gerne alles für dich hingegeben
> Und dennoch du – du hast mich nie geliebt!

Inzwischen hat der Tapezierer mit der Reparatur begonnen.

Der Theatermeister zeigt ihm alles, man hört das Gemurmel der beiden, ihr lautes Klopfen und Schlagen stört den Gesang. Die Sängerin singt unbekümmert weiter

Stets sorgenlos, mit wenigem zufrieden,
Begabt mit leichtem Mut und frohem Sinn,
So saßen wir am kalten Winterabend
Und wärmten uns am traulichen Kamin –.
Wir schwärmten nur von Liebeslust und Wonne,
Dein Haupt, es ruhte sanft auf meinem Knie,
Dein Auge über mir war meine Sonne,
Des Feuers Knistern süße Harmonie.
Zu jener Zeit, wie liebt ich dich, mein Leben,
Ich hätt geküßt die Spur von deinem Tritt,
Hätt gerne alles für dich hingegeben,
Und dennoch du – du hast mich nie geliebt.

Währenddem ist Karl Valentin nicht zu halten. Was gibt es da? Was mag da sein? Ihn plagt die Neugier der kleinen Leute. Immer geigend, – denn das ist seine bezahlte Pflicht, – richtet er sich hoch, steigt auf den Stuhl, reckt zwei Hälse, den seinen und den seiner Geige, klettert wieder herunter, schreitet durch das Orchester nach oben auf die Bühne, steigt da dem Tapezierer auf seiner Leiter nach, geigt und schaut, schwitzt und guckt, was es da Interessantes gibt. Erbost steigt ihm der Kapellmeister hinterher und bedeutet ihm durch heftige Gebärden, daß er sofort auf seinen Platz zurückgehen soll. Valentin schert sich nicht drum, weicht ihm aus, gerät dabei der Sängerin mit dem Fiedelbogen in die Frisur, bleibt darin hängen und angelt ihr damit unwillkürlich – ganz und gar vom Zuschauen auf den Tapezierer in Anspruch genommen – den falschen Zopf vom Kopfe, ohne es zu bemerken. Dabei geigt er unentwegt mechanisch weiter. Indessen hat der Tapezierer seine Arbeit beendet, den Vorhang durch öfteres Auf- und Zuziehen ausprobiert und packt nun geräuschvoll sein klapperndes Handwerkszeug zusammen. Dann verläßt er die Bühne. Wieder pirscht sich der Kapellmeister an Valen-

tin heran, um ihn von der Bühne herunterzudrängen, Valentin entwischt abermals, tritt dabei dem Souffleur auf die Hand und bleibt darauf stehen. Aus dem Souffleurkasten kommt ein jämmerliches Geschrei

Au, – au, – au!

DER KAPELLMEISTER Wer schreit denn da so? *Er bemerkt den Souffleur* Sie, Sie stehen ja dem Souffleur auf der Hand, gehen S' doch runter! *Karl Valentin ist ganz erstaunt, hebt seinen Fuß auf und schaut den Souffleur an.* Gehen S' auf Ihren Platz hinunter! Das kann ich nicht verstehn, steigt er dem Souffleur auf die Hand. Ja, ham denn Sie das nicht gspürt?

KARL VALENTIN Ja woher! – Er hats gspürt! *Der Souffleur schreit immer weiter.* Jammert er recht?

DER KAPELLMEISTER Natürlich muß er jammern, wenn Sie ihm auf d' Finger hinaufsteigen! Meinen S', das tut so wohl? Lassen Sie sich einmal auf die Finger hinauftreten, dann werden Sie's schon sehen. Wenn S' an Anstand hätten, würden Sie sich entschuldigen.

KARL VALENTIN Hab keinen. *Der Souffleur schreit immer noch.* So lange bin ich gar nicht droben gestanden, als der schreit!

DER KAPELLMEISTER *steigt wieder auf die Vorbühne hinunter* Aber die Sängerin ist gut, meine Herrn.

KARL VALENTIN *steigt gleichfalls hinunter* Die hat eine Genie.

DER KAPELLMEISTER Man sagt nicht, die hat ein Genie, sondern die Dame i s t ein Genie!

KARL VALENTIN Nein, ich mein, die hat e i n e Genie – eine schenie Stimme.

DER KAPELLMEISTER Das ist doch etwas ganz anderes. Übrigens fällt mir gerade noch etwas ein. Gell, wenn Sie mich wieder einmal sehn auf der Straße, dann sind Sie auch so freundlich und grüßen Sie mich. Das gehört sich, das erfordert Ihr Anstand.

DER LETZTE MUSIKER Warum, ham Sie ihn wo gsehn?

KARL VALENTIN Gestern auf der Post, da hat er sich angestellt.

DER KAPELLMEISTER Gell, Sie haben mich gsehn, warum haben

Sie mich dann nicht gegrüßt?

KARL VALENTIN Weil Sie so weit hinten gestanden sind – ich kann doch nicht so hinter grüßen! Da warn viel Leut dort, Menschen, Publikum, Passanten, Volk – alles durcheinander –. Sie – der Frau, die vor Ihnen gestanden ist, der hams das Handtascherl gstohlen.

DER KAPELLMEISTER Ja, wie meinen Sie das? Ha? Sie bringen das ja fast so heraus, als ob i c h der Frau das Handtascherl gestohlen hätte!

KARL VALENTIN Ja, gewiß weiß ichs nicht.

DER KAPELLMEISTER Behaupten wollen Sie's auch noch! Das verbitte ich mir. Das kann schon sein, daß einer Frau eine Handtasche gestohlen worden ist, das war höchstens ein Taschendieb.

KARL VALENTIN Freilich kein Kellerdieb.

DER KAPELLMEISTER Die Frau hätte eben besser Obacht geben sollen auf ihr Täscherl, dann wärs ihr nicht gestohlen worden.

KARL VALENTIN Da wars aber schon zu spät, weils da schon weg war.

DER KAPELLMEISTER Ja, hernach hats freilich keinen Wert mehr, vorher hätte sie Obacht geben sollen.

KARL VALENTIN Vorher hat sies doch nicht gewußt, daß 's ihr gestohlen wird.

DER KAPELLMEISTER Wenn sie Obacht gegeben hätte, wärs ihr doch nicht gestohlen worden, wenn sie immer aufs Täscherl geschaut hätte.

KARL VALENTIN Die Frau kann doch nicht immer auf ihr Täscherl Obacht geben.

DER KAPELLMEISTER Ach – lassen S' mir meine Ruhe, was geht denn mich die Frau an, wenn die Frau so dumm ist, daß sie nicht einmal auf ihr Täscherl Obacht geben kann, dann soll sie zu Haus bleiben und nicht hingehen aufs Postamt.

KARL VALENTIN Dann kriegts keine Briefmarken.

DER KAPELLMEISTER Ach was – ich mein doch so im allgemeinen, wenn man sich in einem Gedränge befindet, dann muß man eben auf seine Sachen Obacht geben, daß einem nichts weg-kommt.

KARL VALENTIN Ja, mir ists auch einmal so gangen beim Okto-berfest, da bin ich auch mitten im Gedränge gestanden, direkt bei der ›Siebener-Bahn‹. *Er macht mit der Hand eine Bewe-gung.*

DER KAPELLMEISTER Was ›Siebner-Bahn‹? Die heißt doch Achter-bahn.

KARL VALENTIN Das weiß ich schon, da wars ja noch nicht ganz fertig. Ja, da wärs mir auch bald so gegangen. Da bin ich an der Kasse ins Gedränge hineingekommen, und da hättens mir beinah meine schöne goldene Uhr gestohlen. Die schöne Uhr mit dem Hupfdeckel.

DER KAPELLMEISTER A – A – A – A – ! Da werden Sie aber er-schrocken sein?

KARL VALENTIN Ja, das können Sie sich denken, – gut, daß ichs daheim lassen hab an dem Tag.

DER KAPELLMEISTER Erzählen S' mir heut nichts mehr, ich will nichts wissen. Einen Tusch in C! *Man hört den Tusch, der Vorhang der Hinterbühne geht auf. Er steigt auf die Hinter-bühne* Hochgeschätztes Auditorium! Ich erlaube mir, Ihnen hier den weltberühmten Kunstradfahrer, Mister Hamptn-quempftn vorzustellen! *Der Kunstradfahrer erscheint auf der Bühne.* Er ist geboren im Jahre neunzehnhundertsoundsoviel, absolvierte die Volksschule in Chicago und wandte sich, nach-dem er zwei Jahre beim hiesigen Straßenbauamt als Teerein-gießer tätig war, dem Artistentum zu. Durch seine bereits ab-solvierten Gastspiele in Nordwestindien, Gleisental im All-gäu, Stuttgart, Kempten, Berlin, Ostern, Pfingsten und Meran etc. etc. wird es ihm ein Leichtes sein, sich auch die Gunst des hiesigen Publikums zu erringen. – Herr Mister Hamptn-quempftn teilt seine Nummer in fünf Abteilungen ein, und zwar:

Erstens   Eine Kreisfahrt auf seinem Originaldreirad ohne Freilauf und Rücktrittbremse.

Zweitens Eine Kreisfahrt auf demselben Rade mit Glockengeläute.

Drittens Ausblasen einer brennenden Flamme während der
Fahrt.

Viertens Eine Kreisfahrt auf der Bühne mit verbundenen
Augen.

Und zum Schluß: Die grauenerregende Todesfahrt durch
Nacht und Nebel! *Die Kapelle spielt einen Tusch.* In seiner
ersten Abteilung: Eine Kreisfahrt auf seinem Originaldreirad
ohne Freilauf und Rücktrittbremse. *Die Musik spielt dazu
den Donauwellenwalzer.*

KARL VALENTIN Der is gut, der is gut, der is nur gut – zu gut –
der is glänzend, wenn d' Sunna draufscheint!

DER KAPELLMEISTER In seiner zweiten Abteilung: Ausblasen einer brennenden Flamme während der Fahrt. *Er zündet eine
Kerze an.*

*Der Kunstradfahrer fährt das erste Mal daran vorbei. Der Ka-
pellmeister hält die Kerze so hoch, daß er sie nicht auslöschen
kann. Der Kunstradfahrer fährt nochmals im Kreise herum.
Der Kapellmeister hält ihm die Kerze ganz nahe hin, der Radfahrer bläst sie aus. Das Orchester intoniert einen Tusch.*

DER ZWEITE MUSIKER Was wird denn der Kunstradfahrer Gage
haben, wissen Sie das?

KARL VALENTIN Der hat hundert Mark Gage!

DER ZWEITE MUSIKER Im Tag?

KARL VALENTIN A woher – im Jahr!

DER ZWEITE MUSIKER Das ist aber auch nicht viel.

KARL VALENTIN Einteilen muß er sichs halt –

DER KAPELLMEISTER In seiner dritten Abteilung eine Kreisfahrt
auf der Bühne mit Glockengeläute. *Er gibt dem Radfahrer
eine Glocke in die Hand, dieser fährt und läutet dazu. Die Kapelle spielt einen Tusch.*

KARL VALENTIN Wie alt wird denn der Kunstradfahrer sein?

DER DRITTE MUSIKER Ich denke, zwanzig Jahr.

KARL VALENTIN Samt dem Rad?

DER DRITTE MUSIKER A woher, das ist viel älter wie er!

DER KAPELLMEISTER In der vierten Abteilung eine Fahrt mit verbundenen Augen! *Er bindet dem Radfahrer mit einem ganz schmalen Tuch die Augen zu, so daß derselbe heraussieht.*

KARL VALENTIN Der lurt!

DER KAPELLMEISTER Der kann doch nicht sehen! *Zum Radfahrer* Oder sehen Sie was?

DER RADFAHRER Nein.

DER KAPELLMEISTER Also, er sagts doch selbst, daß er nichts sieht. *Der Radfahrer fährt, stößt an die Wand an und fällt mit dem Rad absichtlich hin.*

KARL VALENTIN *und* ALLE MUSIKER *stellen sich auf die Stühle und schreien* Jetzt ist er gestürzt! *Dabei spielen sie ruhig weiter.*

DER KAPELLMEISTER Schreien Sie doch nicht so, kein Mensch hat gemerkt, daß er heruntergefallen ist.

KARL VALENTIN *auf dem Stuhl stehend und weiterspielend* Ist am Rad was passiert?

DER KAPELLMEISTER Am Rad, das wäre das Wenigste! Die Hauptsache ist, daß i h m nichts passiert ist. *Zum Radfahrer* Oder haben Sie sich weh getan?

DER RADFAHRER Nein, im Gegenteil!

KARL VALENTIN *auf dem Stuhl stehend und weiterspielend* Wo? Im Hinterteil?

DER KAPELLMEISTER Nein, im Gegenteil, hat er gesagt.

KARL VALENTIN Am Gegenteil?

DER KAPELLMEISTER Nein, am Hinterteil. Ach, ich werde selber noch ganz blöd. *Er bemerkt, daß die Musiker auf den Stühlen stehen* Gehen S' doch herunter – da bleiben sie jetzt alle am Stuhl oben – heruntergehn solln S'!
Alle bleiben auf den Stühlen droben und spielen weiter.

KARL VALENTIN Der muß ja stürzen! Er sieht ja nichts, weil Sie ihm die Augen verbunden haben!

DER KAPELLMEISTER Das ist eben die Kunst!

KARL VALENTIN Das Augenverbinden?

DER KAPELLMEISTER Nein, mit verbundenen Augen zu fahren!

KARL VALENTIN Dann sieht er aber nichts!

DER KAPELLMEISTER Er soll doch auch nichts sehen!

KARL VALENTIN Na, dann stürzt er wieder!

DER KAPELLMEISTER Er soll aber nicht stürzen!

KARL VALENTIN Er muß aber stürzen!

DER KAPELLMEISTER Warum?

KARL VALENTIN Ja, weil er d' Augen verbunden hat!

DER KAPELLMEISTER Das ist eben die Kunst!!

KARL VALENTIN Was? – 's Augenverbinden?

DER KAPELLMEISTER Ach hören S' doch auf, da werden wir ja gar nimmer fertig.

KARL VALENTIN Das ist überhaupt eine gefährliche Nummer – es ist eine Todesnummer, – weil der nie weiß, ob der nicht einmal erschlagen wird.

DER KAPELLMEISTER *zu den immer noch auf den Stühlen im Stehen spielenden Musikern* Jetzt gehn S' aber endlich runter!
Die Musiker steigen von den Stühlen und beenden ihr Spiel.

KARL VALENTIN *im Hinuntersteigen* Ja, wenn er aber wieder stürzt?!

DER KAPELLMEISTER Dann können S' immer wieder naufsteigen!
Zum Publikum In seiner fünften Abteilung zum Schluß die grauenerregende Todesfahrt durch Nacht und Nebel! *Er holt einen großen Reifen, in dessen Rahmen weißes Papier geklebt ist mit der Aufschrift: ›Durch Nacht und Nebel‹. Ein Trommelwirbel setzt ein, der Radfahrer fährt beim Höhepunkt desselben mit Gewalt durch das Papier, die Musiker spielen einen Tusch und wiederholen ihn immer wieder. Der Theatermeister bringt einen alten, verwelkten Lorbeerkranz und hängt ihn dem Radfahrer um den Hals. Der Radfahrer verbeugt sich und geht ab. Der Vorhang der Hinterbühne fällt. Die Musiker wiederholen ihren Tusch unentwegt weiter.*

DER KAPELLMEISTER Ja wie oft denn noch?!

KARL VALENTIN Der hats aber auch verdient!

DER KAPELLMEISTER Ja, der Kunstradfahrer ist gut. Da versprech ich mir sehr viel von dem, für dem seine Zukunft ist gesorgt!

KARL VALENTIN Der wird erst noch gut, wenn er noch zwanzig bis dreißig Jahre fährt. Das kann man nicht lernen, das ist angeboren, das liegt bei diesen Artisten schon so im Blut, im Artistenblut, in der Familie, im Familienblut, im Artistenfamilienblut. Im artistischen Familienblut.

DER KAPELLMEISTER Na ja, das ist eben das Künstlertum, das steckt in diesen Leuten so drin.

KARL VALENTIN Dem sein Vater war sicher auch so etwas Ähnliches.

DER KAPELLMEISTER Das kann schon sein, auch ein Rennfahrer oder ein großer Artist.

KARL VALENTIN Oder ein Roter Radler.

DER KAPELLMEISTER So leicht ist das nicht, wie das aussieht – diese artistischen Darbietungen sind immer mit Gefahr verbunden. – Sie haben schon gesehen, wie er beinah unterm Fallen gestürzt wäre. Ich behaupte, daß das eine direkte Todesnummer ist.

KARL VALENTIN Ja, das stimmt auch, weil der nie weiß, ob er nicht vom Publikum einmal erschlagen wird.

DER KAPELLMEISTER Jetzt sprechen wir von was anderem. Jetzt machen wir das neue Stück, das ich gestern instrumentiert habe. Schlagen Sie gleich die Noten auf!

KARL VALENTIN Was für Noten? Hoffmannstropfen – Hoffmannserzählungen, das haben wir ja noch nie probiert, das können wir ohne Probe nicht spielen!

DER KAPELLMEISTER Das muß gehen ohne Probe! Die Herren sind lauter Berufsmusiker – das wird einfach vom Blatt gespielt!

KARL VALENTIN Wenn aber ein Fehler in den Notn is?

DER KAPELLMEISTER Da ist kein Fehler drin – kümmern Sie sich nicht – die Noten habe ich selbst geschrieben!

KARL VALENTIN Ja, – deshalb mein ich ja!

DER KAPELLMEISTER Sie! – erlauben S' Ihnen nicht so viel!

KARL VALENTIN Ja – uns is's ja gleich, – wir spieln halt des, was dasteht!

DER KAPELLMEISTER Jawohl, Sie brauchen nicht weniger spielen und nicht mehr!

KARL VALENTIN Ja – mehr auf keinen Fall!

DER KAPELLMEISTER *klopft ab. Die Musiker spielen nun immer die gleichen vier Takte bis zum Wiederholungszeichen, so lange, bis der Kapellmeister wütend abklopft und schreit* Ja – was is denn das für eine Schlamperei, warum wird denn da nicht weitergespielt?

ALLE MUSIKER Geht nicht, is ja ein Wiederholungszeichen beim vierten Takt!

KARL VALENTIN Des geht tausend Jahr im Kreis rum!

DER KAPELLMEISTER *reißt Valentin das Blatt aus der Hand* Wo ist da ein Wiederholungszeichen?

KARL VALENTIN Da! *Deutet mit dem Fiedelbogen auf die Noten.*

DER KAPELLMEISTER Gehn S' doch mit Ihrem dummen Fiedelbogen weg, – ich such mirs schon selber! Wo ist das?

KARL VALENTIN Da! *Er deutet wieder mit dem Bogen.*

DER KAPELLMEISTER Sie sollen nicht immer daher deuten! *Er schlägt nun mit seinem Taktstock Valentin auf den Fiedelbogen. Karl Valentin schlägt zurück auf den Taktstock, allmählich in Fechterstellung übergehend. Der Kapellmeister geht nach einem kräftigen Stoß weit zurück, kommt wieder vor und schreit wütend zu Karl Valentin* Noch einmal! *Karl Valentin stößt noch einmal nach dem Bauch des Kapellmeisters, wie ihm befohlen. Dann grüßt er vorschriftsmäßig mit dem »Degen« (Fiedelbogen), winkelt den linken Arm etwas an, als ob er eine Säbelscheide damit hielte, und steckt den Fiedelbogen elegant in einen von Daumen und Zeigefinger der linken Hand gebildeten Ring.*

DER KAPELLMEISTER Da hört sich doch alles auf, schämen Sie sich.

KARL VALENTIN Ich hab ja gsagt, wir spieln das, was dasteht.

DER KAPELLMEISTER Eine solche Blamage vor dem Publikum, was glauben denn Sie, was sich da das Publikum denkt.

KARL VALENTIN Das ist mir wurst.

DER KAPELLMEISTER Das ist ja das Traurige, daß Sie keinen Funken Ehrgeiz besitzen.

KARL VALENTIN Die andern auch nicht.

DER KAPELLMEISTER Zu euch sagt auch kein Mensch was, an mir geht es hinaus.

KARL VALENTIN Gemerkt hats ja niemand.

DER KAPELLMEISTER Glaubn S', die Leut sitzen auf den Ohren?

KARL VALENTIN Im Gegenteil!

DER KAPELLMEISTER Also los, die ›Türkische Scharwache‹. *Die Auftrittsmusik setzt ein, nach wenigen Takten geht der Vorhang der Hinterbühne auf.*

DER ZAUBERER *geht langsam über die Bühne – die Musik hört auf – und spricht* Guten Abend, meine liebe Publikum! Guten Abend! – Gestatten, daß ich mich vorstelle als eine orientalische Zauberer, indem ich Ihnen werde vormacken versiedene Sauerei – ah – Saubereien! Wie Sie wissen, meine lieben Publikum, sein Saubrei keine Hexerei, sondern nur eine Geschwindigkeit meiner Hände. Sauen Sie mir auf meine Hände, so werd' ick Sie betrügen mit meiner Mund –! – Sauen Sie auf meiner Mund, werd' ick Sie betrügen mit meiner Hände! – Ick beginnen sofort mit meine Sauberei und zeige Ihnen als ersten Dreck – ... Trick – eine serr gute Kartenkunststück. Habe hier eine ganzer Kartenspiel – wollen Herrsaften ansehen, daß es eine gewöhnliche Kartenspiel ist. Bitte! – *Er läßt es im Publikum sehen* Wollen nun eine Herr oder Dame sein so gut und eine Karte ziehen *Er läßt eine ziehen* So – wollen Sie diese Karte genau ansehen und sich merken! – Sein Sie so gut und seigen Sie der Karte der Publikum. Bitte, stecken Sie dieser Karte wieder zurück in meine ganzes Kartenspiel! – Danke! – Ick werde nun Kartenspiel mischen! *Er tut es* Sie glauben nun, Ihre Karte sein in der Kartenspiel – o nein – Ihre Karte sein längst verschwunden in meine inneres Rocktaschel. Bitte! – *Er zieht aus dem Rock eine Karte heraus, welche vorher schon in der Tasche gesteckt, und zeigt sie dem Publikum mit der Bildseite nach rückwärts. Selbstverständlich ist es eine andere Karte.* Ick danke vielmals!

KARL VALENTIN Sie – der hat mich gfragt, ob Sie der türkische Honigmann sind von der Dult??

DER ZAUBERER Honigmann?!? – Bin ick nicht!! – Der ist meine Schwester!! *Zum Publikum* Als zweiten Dreck – Trick – einer großartigen Sauberei! – Haben hier einer roten Rose. Werde dieser roten Rose in einer andern Rose versaubern – in anderes Farbe, in weißer Rose, in rosa Rose, grüner Rose, in allen Farben! – Nun meiner liebes Publikum, welcher Farbe soll ick Rose macken?

KARL VALENTIN Braune Rose!

DER ZAUBERER Brauner Rose gibt es nicht!

KARL VALENTIN Wenn aber a weiße Rosn in an Haufn – braune – Ölfarb neifallt? –!

DER ZAUBERER Was für Farbe soll ick macken? *Verschiedene Zurufe, zum Schluß »rosa Rose«.* Gut, werde ick macken rosa Rose! Nehme nun Rose in linker Hand und mit rechter Hand nehme ick mit beider Fringerspritzel – Springerfitzel – Spritzelfinger – – – Fingerspitzel diese Taschentuch, welche vollständig leer, lege es über rote Rose – macke eins – zwei – drei – *er nimmt das Taschentuch mit roter Hülse weg* – und aus roter Rose ist rosa Rose geworden! – – Ich danke!! *Er verbeugt sich und läßt die rote Hülse unter dem Taschentuch fallen.*

KARL VALENTIN Sie – da haben Sie was verloren!!

DER ZAUBERER Sind Sie ruhig – braucht niemand wissen!!

KARL VALENTIN Können S' des mit einer Gesichtsrose a machen??

DER ZAUBERER Nun, meine liebe Publikum, werd ick Ihnen größte Sauerei – Sauberei – zeigen, die jemals von Sauberkünstler gezeigt wurde! Habe hier eine Sylinderhut – eine gewöhnliche Sylinderhut – – ohne doppelte Boden – nix drinn – vollständig leer! Ick werde diese Sylinderhut hier auf meine Saubertisch stellen und werde alle möglichen Sachen heraussaubern!! – Ick nehme meine Sauberstab, macke eins – zwei – drei – *er greift in den Hut, welcher im Boden ein gro-*

ßes Loch hat, und läßt sich von dem unterm Tisch sitzenden Jungen einen Blumenstock heraufreichen – ah, eine Blumenstock aus meine Hut, welcher vollständig leer! – Ick macke ein – zwei – drei – – ah!! Kann auch größere Sachen heraussaubern!! – Was soll ick heraussaubern??

KARL VALENTIN Einen Kleiderkasten!

DER ZAUBERER Kleiderkasten ist etwas zu groß!

KARL VALENTIN A Halbe Bier!

DER ZAUBERER Bier – oh, Bier kann ick heraussaubern!! Hab so großes Durst! – Ick macke eins – zwei – drei – *er greift wieder in den Hut* – ein Glas Bier! Prosit, meine liebe Publikum! – Prost! *Unterdessen langt der unter dem Tisch Befindliche wieder etwas durch den Hut, so, daß dies oben herausschaut. –*

KARL VALENTIN *macht den Zauberer durch Gesten darauf aufmerksam* Sie – da schaugn S' hin, da kommt no was raus!!

DER ZAUBERER *stürzt ganz entsetzt zum Tisch hin, schimpft durch den Hut hinunter* Hundsbua – miserablicher! Hab i dir ogschafft, du sollst no was rauslanga?? *Der Junge schaut aus dem Tisch und kriecht heraus – beide laufen herum – der Zauberer schimpft, der Junge streckt die Zunge heraus und geht dann ab* Wart nur, Krüppel, mistiger – –!

KARL VALENTIN Krüppel, mistiger?? – Des war aber net türkisch!!

Der Vorhang der Hinterbühne schließt sich.

DER KAPELLMEISTER *klopft ab* Los, die Soubrette kommt dran. Schlagen Sie die Noten auf.

Karl Valentin nimmt eine Posaune zur Hand. Der Kapellmeister hebt den Taktstock, der Marsch beginnt, man hört jedoch nur den ersten Ton.

KARL VALENTIN *schreit* Halt, 's Wasser muß ich erst noch rauslassen!

DER KAPELLMEISTER D d d d d d d d d d d d – *Karl Valentin leert das Wasser aus der Posaune, in die vorher ein halbes Glas hineingekommen ist.* Nun, wirds bald?

KARL VALENTIN Na ja, das ist net so einfach. Da muß ich zu gleicher Zeit mit die zwei Rohre in die zwei Löcher da hineinfahren. *Er versucht es* Das nützt mich gar nichts, wenn ich in einem drin bin, da wär ich lieber gar nicht drin.

DER KAPELLMEISTER Man kann gar nimmer zuschaun.

KARL VALENTIN Dann schauen S' weg. Das ist halt des Dumme, bei die Blechinstrumente, daß ma da immer 's Wasser rauslassen muß. Bei die Geiger is das was anderes. Sie wern nie sehn, daß ein Geiger eine Geige auseinanderzieht, weil eine Geige nicht naß wird. Außerdem es geigt einer im Freien draußen, und wer geigt schon im Freien drauß, dafür hat man ja die Blechinstrumente. Sie werdn nie sehn, wenn ein Umzug auf der Straße daherkommt, daß die Streichmusik machen, denn da müßtn d' Leit ja alle drei Meter weit auseinandergehen, weil sonst einer den andern mit dem Geigenbogn an Hut runterstoßn tät. Und mit der Baßgeign wär das ja eine furchtbare Sache. Wenn der Baßgeiger auf der Straße unterm Marschieren baßgeigen müßte, weil man eine Baßgeign nur im Stehn spieln kann, aber mit der Baßgeign kann er net im Gehn geign. Außerdem er macht unter de Baßgeign a Rolln unten hin, dann kann er schon fahrn, aber da kann er mit der Baßgeign an eim Kanaldeckel hängenbleibn und kann nimmer weiter und dann kann der ganze Umzug nimmer weiter, weil alle hinter ihm stehn bleiben müssen.

DER KAPELLMEISTER Das ist ja furchtbar, wem erzählen Sie denn den Mist? Das interessiert doch die Leute gar nicht.

KARL VALENTIN Grad das interessiert die Leute, weil die Leute immer noch nicht den Unterschied zwischen Blech- und Streichmusik wissen. Die sollen einmal aufgeklärt werden, die lechzen direkt nach Aufklärung. *Nach einer Pause* – Und war so schön drin –

DER KAPELLMEISTER Jetzt werd ich Ihnen aber gleich helfen.

KARL VALENTIN Ach, zu zweit geht des gar net. *Er versucht, wieder hineinzukommen und sagt plötzlich* Da gehts hier genauso wie beim Winterfenster-Einhängen. Wenn man oben drin ist, rutscht ma unten wieder raus.

DER KAPELLMEISTER Jetzt fangen wir ohne Sie an.

Das Vorspiel beginnt, der Vorhang der Hinterbühne öffnet sich –

DIE SOUBRETTE *tritt auf und singt*

    Potz Blitz und Element, so tönt es rings im Saal,
    Und lauter Jubel schallt durchs Haus,
    Ein jeder ruft, die ist doch wirklich kolossal,
    Ja, diese Kleine, die hats raus.
    In meinen Adern rollt ganz heiß Theaterblut
    Und schnell und schneller schlägt das Herz.
    Ich hab ja immer frohen, frischen, freien Mut
    Und schwärme für Gesang und Scherz.
    Ein jeder ruft hipp, hipp, hurra,
    Die fesche Mizzi, sie ist da!
    Und Jubel schallt durchs ganze Haus,
    Ein jeder spendet mir Applaus,
    Ein jeder ruft hipp, hipp, hurra,
    Die fesche Mizzi, sie ist da,
    Und Jubel schallt durchs ganze Haus,
    Ein jeder spendet mir Applaus.

DIE SOUBRETTE *marschiert während des Refrains über die Bühne. Das Orchester intoniert das Zwischenspiel – sie beginnt wieder zu singen* Ich liebe ... *Sie singt nur diese zwei Worte als Anfang der zweiten Strophe und bleibt stecken.*

DER KAPELLMEISTER Singen S' doch weiter –

DIE SOUBRETTE Ich kann nicht weiter.

DER KAPELLMEISTER *klopft ab Die Musik hört auf, bis auf Karl Valentin, der allein mit der Posaune die ganze Strophe zu Ende bläst und dann ganz verwundert auf den Kapellmeister schaut.* Haben Sie denn gar nicht bemerkt, daß wir schon längst aufgehört haben?

KARL VALENTIN Ich habe ja noch ein ganzes Stück zu blasen.

DER KAPELLMEISTER Da sieht man wieder, wie gedankenlos Sie dahinblasen, vollkommen zerstreut.

KARL VALENTIN Warum, was ist denn los?

DER KAPELLMEISTER Was wird denn sein? Die Soubrette ist stekken geblieben, sie weiß keinen Text mehr. Ja, Fräulein, wie ham mas denn da, warum lernen Sie denn Ihren Text nicht?

DIE SOUBRETTE Ich hab ihn ja gelernt.

DER KAPELLMEISTER Das kann schon sein, dann haben Sie ihn halt wieder vergessen.

DIE SOUBRETTE Das kann jedem einmal passieren.

DER KAPELLMEISTER Halten S' Ihr Maul, wenns mit mir sprechen, da schau her, nichts können und frech sein, das ist die Hauptsache heutzutage.

KARL VALENTIN Die ist mies beinander, die Schuah von der schauen S' an.

DIE SOUBRETTE Bitte, das sind meine Bühnenschuhe.

KARL VALENTIN Da möchte ich erst Ihre Hausschuhe sehn.

DER KAPELLMEISTER Ja, Fräulein, und wie sieht denn Ihr Kostüm aus, da hängen Ihnen hint und vorne die Fetzen runter, so geht man doch nicht auf die Bühne.

DIE SOUBRETTE Wenn Ihnen mein Kostüm nicht gefällt, können Sie mir ruhig ein neues kaufen.

DER KAPELLMEISTER Ich werde mich beherrschen können, da können Sie sich schon einen Dümmeren suchen wie ich bin.

KARL VALENTIN Noch dümmer? – – – Die kommt mir überhaupt sehr bekannt vor.

DIE SOUBRETTE Sie werden mich kaum kennen.

KARL VALENTIN Freilich ists die – der haben wir doch erst vorige Woche Bananen abgekauft.

DIE SOUBRETTE A so eine Gemeinheit, ich kenne Sie doch gar nicht. *Sie besinnt sich* Ja, jetzt fällts mir ein, natürlich kennen wir uns vom Ding – wie heißts denn gleich –, von Stadelheim, da haben wir uns doch öfters im Garten gesehen.

DER KAPELLMEISTER Ist das wirklich wahr, waren Sie schon in Stadelheim?

KARL VALENTIN Ich war Wärter dort, aber sie war eingenäht.

DIE SOUBRETTE Herr Kapellmeister, ich lasse mich nicht von Ihren Musikanten beleidigen.

DER KAPELLMEISTER Das sind keine Musikanten, meine Herren, das sind Tonkünstler.

DIE SOUBRETTE Und ich bin eine erstklassige Soubrette.

KARL VALENTIN Ja, das sieht man.

DIE SOUBRETTE Herr Kapellmeister, ich bin jetzt so aufgeregt, mir fällt die zweite Strophe nicht mehr ein, wissen Sie vielleicht den Anfang davon?

DER KAPELLMEISTER Ich hab gar kein Interesse an Ihrem Text.

KARL VALENTIN An Text könnten wir nie mitspielen.

DIE SOUBRETTE Kann ich vielleicht etwas anderes singen?

DER KAPELLMEISTER Können S' noch was anderes?

DIE SOUBRETTE Natürlich, vielleicht gleich das nächste, Nummer zwei in meinem Buch.

DER KAPELLMEISTER Sie haben ja nur zwei Sachen – und das ist doch kein Buch – das sind ja Fetzen. Also, meine Herren, Nummer zwei – – – Aber wenn Sie mir da wieder steckenbleiben, dann schmeiße ich Sie hinaus.

Das Vorspiel beginnt, DIE SOUBRETTE *singt*
> Ich kenne einen schönen Mann,
> Den ich nicht mehr vergessen kann;
> Doch hat er, Herrjemine,
> Von mir noch gar keine Idee.
> Und darum will ichs nicht verhehln
> Und Ihnen alles klar erzähln:
> Er ist dahier in unsrer Mitt –
> Für den mein Herz erglüht.
> Ach du lieber – süßer – guter – braver Mann,
> Hast mir solche Liebesschmerzen angetan.
> Schenk mir Liebe – Treue – und noch einen Kuß,
> Weil ich sonst vor lauter Sehnsucht sterben muß.

Sie umarmt dabei den Kapellmeister.

DIE FRAU KAPELLMEISTER *kommt in den Saal und schreit auf die Bühne* So, hab ich dich jetzt endlich einmal erwischt, du scheinheiliger Tropf! Daheim tut er immer, als wenn er nicht

bis Fünfe zählen könnt, und hier poussiert er mit der Sou-
brettn umeinander.

DER KAPELLMEISTER Ruhe im Zuschauerraum! Was ist das für
ein Lärm?

KARL VALENTIN Ihre Frau ist da – Grüß Gott, Frau Kapellmeister.

DER KAPELLMEISTER, Was, meine Frau – ja tatsächlich – Grüß dich
Gott!

DIE SOUBRETTE Ja, Herr Kapellmeister, haben Sie denn eine Frau?

DER KAPELLMEISTER Nein, meine Zimmerfrau –

DIE FRAU KAPELLMEISTER Dir geb ich dann gleich eine Zimmerfrau.

DIE SOUBRETTE Das hab ich ja gar nicht gewußt, daß Sie verheiratet sind; gestern, wie Sie mich nach Grünwald hinauf-
geführt haben, da haben Sie zu mir gesagt, Sie sind noch
ledig.

DIE FRAU KAPELLMEISTER So, in Grünwald warst du gestern, zu
mir hast du gesagt, du hast Probe.

DER KAPELLMEISTER Ja, da haben wir Probe gehabt, der Wirt hat
in seinem Nebenzimmer ein Klavier drin stehn, und da hab
ich dem Fräulein etwas einstudiert, nicht wahr, Fräulein?

DIE SOUBRETTE Natürlich haben wir Probe gehabt – Gott sei
Dank!!

DIE FRAU KAPELLMEISTER Sind Sie ruhig, Sie freches Frauenzimmer, schämen Sie sich, mit an alten verheirateten Mann pous-
sieren, finden Sie denn keinen andern mehr, Sie Flitscherl, Sie?

DIE SOUBRETTE Sie, ich lasse mich nicht von Ihnen beleidigen, ich
werde mich bei der Direktion beschweren, Sie alte Schachtel,
Sie.

DIE FRAU KAPELLMEISTER Ja, was glauben denn Sie eigentlich,
schaun Sie sich doch an, wie Sie ausschaun, Sie angemalnes
Theaterflitscherl, Sie, gute Lust hab ich und geh nauf und hol
Sie runter – und du – du alter Hanswurst – du kommst jetzt
sofort heraus, ich hab dir etwas zu sagen. Das kann ich dir
vor den Leuten hier nicht sagen – aber sofort.

KARL VALENTIN Aber sind Sie doch vernünftig, Frau Rohrnudel, oder wie heißts?

DIE FRAU KAPELLMEISTER Mit Ihnen spreche ich nicht, Sie ausgehungerter Musikant.

KARL VALENTIN Sie, das wenn ich gehört hätte!

DIE FRAU KAPELLMEISTER Mischen Sie sich nicht da rein, ich spreche mit meinem Mann. Und du machst jetzt sofort, daß du herauskommst.

DER KAPELLMEISTER Ja – ja – ich komme schon. Lauft die da herein, das verstehe ich nicht – aber Sie sind schuld – hätten S' einen andern angesungen und mir meine Ruhe gelassen.

DIE FRAU KAPELLMEISTER Wirds jetzt bald!! *Sie schreit immer zur Ausgangstür herein.*

DER KAPELLMEISTER Ja, ich komme schon – was meinen denn Sie, meine Herrn, soll ich rausgehn?

KARL VALENTIN Ratsam ists nicht.

DIE FRAU KAPELLMEISTER Jetzt wart ich aber nicht mehr lange.

DER KAPELLMEISTER Ja, ich komme schon – jetzt geh ich aber naus –, was ich sagen will: Vielleicht sind die Herrn so liebenswürdig und kommen a kleins bisserl mit raus – gehn S' mit?

KARL VALENTIN Wir haben kein Interesse dran.

DIE FRAU KAPELLMEISTER Jetzt wirds mir aber zu dumm – meinst, ich warte noch lange, jetzt hol ich dich – du kommst mir grad recht.

DER KAPELLMEISTER Ich komm doch schon, bleib nur grad draußen, da bin ich ja. Jetzt geh ich aber naus – die glaubt vielleicht, ich fürcht mich vor ihr – der werd ich einmal meine Meinung sagen. Also, was ist los, was willst denn von mir, jetzt bin ich da. *Er geht hinaus – man hört von draußen Radau, Streiten und Ohrfeigen.*

KARL VALENTIN Also, bei uns gehts zua –

DER KAPELLMEISTER *kommt weinend herein, die Wange mit dem Taschentuch haltend, und sagt triumphierend zu den Musikern* Der hab ich aber jetzt ein paar hineingehaut.

KARL VALENTIN Dann halten S' aber das verkehrte Gesicht.

DER KAPELLMEISTER Lassen S' mir mei Ruh – singen S' zu!
Die Musik setzt ein.

DIE SOUBRETTE *singt*

    Ach du lieber – süßer – guter – braver Mann,
    Hast mir solche Liebesschmerzen angetan.
    Schenk mir Liebe – Treue – und noch einen Kuß,
    Weil ich sonst vor lauter Sehnsucht sterben muß.
    Sie geht ab – der Vorhang der Hinterbühne schließt sich.

DER KAPELLMEISTER *fühlt seine Zähne, sie wackeln. Wütend* Mit der Musik bin ich gar nicht mehr zufrieden, meine Herren, von euch spielt jeder dahin wie er grad will.

KARL VALENTIN Auweh, jetzt müssens wir büßen –

DER KAPELLMEISTER Keiner paßt auf, keiner richtet sich nach mir, für was bin denn ich überhaupt da?

KARL VALENTIN Das haben wir uns auch schon oft gedacht.

DER KAPELLMEISTER Wenn auch ein Marsch nicht mehr recht modern ist, das macht gar nichts, man kann in die ältesten Noten etwas hineinmachen – etwas hineinlegen. Man muß halt einen gewissen Ding hineinbringen, wie heißt er denn gleich – der Rhythmus gehört hinein, das ist die Hauptsache, der fehlt euch.

KARL VALENTIN Den kennen wir nicht, der war noch nie bei uns.

DER KAPELLMEISTER Ich spreche doch vom Rhythmus.

KARL VALENTIN Kennst du an Rhythmus, Anderl? – Nein, der kennt ihn auch nicht. Seinen Bruder kenn ich schon.

DER KAPELLMEISTER So ists recht, der kennt an Rhythmus sein Bruder. – Wie sieht denn der aus, den möchte ich auch kennenlernen.

KARL VALENTIN So ein kleiner Dicker mit einem Spitzbart.

DER KAPELLMEISTER Der Rhythmus??

KARL VALENTIN Nein, Reisberger heißt er – jetzt fällts mir ein.

DER KAPELLMEISTER Da haben Sie sich wieder einmal richtig blamiert, nicht einmal die einfachsten musikalischen Ausdrücke wissen Sie. Woher kommt das? Weil Sie nicht auf der Musikschule waren, Sie sind ja bloß in die Suppenschule gegangen.

KARL VALENTIN Da hab ich auch blasen müssen. – – – Sie, 's Krawattl ist Ihnen heruntergerutscht –

DER KAPELLMEISTER Wo ist ein Krawattl heruntergerutscht?

KARL VALENTIN Ihnen.

DER KAPELLMEISTER Wo innen?

KARL VALENTIN Ihnnnen – außen – da.

DER KAPELLMEISTER Ach so, außen – da sagt er innen, der Depp – ich weiß schon, das ist mir heut schon ein paarmal heruntergerutscht, weil mir das Kragenknöpferl abgebrochen ist, die ganze Mechanik ist kaputt, deshalb stehts immer auf.

KARL VALENTIN In der Früah?

DER KAPELLMEISTER Ach was – ich bräuchte bloß ein anderes Kragenknöpferl, dann wär gleich a Ruh – hat niemand von den Herrn ein Kragenknöpferl da, bitte schaun S' amal nach! *Alle Musiker schauen nach.*

KARL VALENTIN Der Sedlmeier, der hat immer eins dabei.

DER KAPELLMEISTER Sedlmeier, bitte schön – wo ist denn der?

KARL VALENTIN Der ist heut nicht da!

DER KAPELLMEISTER Dann nützt es mich doch nichts.

KARL VALENTIN Aber der tät eins haben.

DER KAPELLMEISTER Das hat doch für mich keinen Wert, wenn er nicht da ist.

KARL VALENTIN Ja, ich hätte schon eins, wenn Ihnen das genügt?

DER KAPELLMEISTER Sie haben eins? Dann leihen Sie mirs bitte, Sie kriegens hernach.

KARL VALENTIN Ach, wegen dem Kriegen – aber, wenn ich das raus tu, dann rutscht halt mir der Kragen raus.

DER KAPELLMEISTER Das verlangt doch kein Mensch von Ihnen, ich hab gemeint, ob nicht einer ein Reserveknöpferl hat.

KARL VALENTIN Ja, woher denn –

DER KAPELLMEISTER Na ja, es wird so auch gehen, jetzt hält es schon.

KARL VALENTIN Ist schon wieder herausgegangen.

DER KAPELLMEISTER Ich weiß es schon, hören S' nur einmal auf, ich kann mich doch nicht aufhängen deshalb.

KARL VALENTIN Warum nicht?

DER KAPELLMEISTER Hier sind Ihre Noten. *Er legt ihm die Noten waagerecht auf das Pult.*

KARL VALENTIN Also, jetzt blasen wir genauso, wie er dirigiert, das gibt a Gaudi.

Er legt sich quer über den Stuhl.

DER KAPELLMEISTER *klopft ab – der Marsch ›Wien bleibt Wien‹ wird gespielt. Er unterbricht* Was ist denn das für eine Stellage da – wollen Sie sich gleich anständig hinsetzen wie die anderen Herrn!

KARL VALENTIN Ja, Sie haben meine Noten so hergelegt.

DER KAPELLMEISTER *beginnt noch einmal den Marsch – Karl Valentin pfeift –* Wie können Sie denn da unterbrechen – was fällt Ihnen ein?

KARL VALENTIN Pst – pst –

DER KAPELLMEISTER Was ist denn los?

KARL VALENTIN Sind S' doch einen Moment still – *er horcht –* Naa, hab mich getäuscht.

DER KAPELLMEISTER Schrecklich ist das! *Er fängt wieder mit dem Marsch an. Karl Valentin pfeift und winkt wieder ab.* Was ist denn los?

KARL VALENTIN Gell, daß ich mich nicht getäuscht hab – der Hosenträger ist mir abgerissen.

DER KAPELLMEISTER Wegen seim alten Hosenträger unterbricht er schon zweimal das Konzert – da hört sich doch alles auf.

Die Musik setzt wieder ein – zuerst trommelt einer nach.

KARL VALENTIN So was Leichtsinniges hab ich noch net gsehn.

DER KAPELLMEISTER Das geht Sie gar nichts an –, passen nur Sie auf, daß Sie nicht hineinpatzen, das kann Ihnen auch passieren.

KARL VALENTIN Ihnen auch – aber bei Ihnen hört man nichts. – So was Narrisches hab ich noch nie gsehn.

Die Musik spielt weiter. Bei der nächsten Pause murmelt Valentin in die Trompete unverständliche Worte hinein.

DER KAPELLMEISTER Was wollen Sie – ich verstehe Sie nicht – *Valentin murmelt*. – Ich verstehe kein Wort – *Valentin murmelt* – Tun S' doch das Ding da weg –

KARL VALENTIN 's Krawattl ist Ihnen wieder heruntergerutscht.

DER KAPELLMEISTER Das ist doch gleich. *Er dirigiert weiter*.

KARL VALENTIN *schreit* A u u u u u u!!

DER KAPELLMEISTER Was ist denn schon wieder?

KARL VALENTIN Angestoßen hab ich mich ans Mundstück, weil S' immer so reißen.

DER KAPELLMEISTER Dann geben S' Obacht. *Er dirigiert weiter bis zum Schluß – Der Vorhang der Hinterbühne öffnet sich*.

DER KAPELLMEISTER *steigt auf die Bühne* Sehr verehrte Damen und Herren! Sie alle haben noch den berühmten Hunger-künstler Succi in Erinnerung. Dieser Mann, der nebenbei ein großes Vermögen besaß, also nicht hungern bräuchte, führte seine Hungerproduktion eigentlich mehr aus, um der Wissen-schaft zu dienen, indem er sich in fast allen Großstädten des In- und Auslandes in irgendeinem Varieté in ein Glashaus vierzig Tage lang ohne jede Nahrung einsperren ließ. Der Hungerkünstler Succi hat aber jetzt eine gewaltige Konkur-renz bekommen in dem neuen Hungerkünstler Baptist Pliven-trans. Dieser ist imstande, den Hungerrekord des Herrn Succi weit in den Schatten zu stellen, indem er nicht nur vierzig, sondern eine Hungertour bis einundvierzig Tage ausführen will. Ich werde Herrn Pliventrans einige Fragen stellen, die Sie sicher interessieren werden. – Sagen Sie, Herr Pliventrans: wie sind Sie auf die Idee gekommen, sich so einen eigenarti-gen Beruf zu wählen?

PLIVENTRANS Ich bin der Sohn steinreicher Eltern, welche in nicht allzu glänzenden Verhältnissen leben und dennoch keine Ko-sten gescheut haben, mich, ihren einzigen Sohn Baptist, als Künstler ausbilden zu lassen, und zwar als Hungerkünstler.

DER KAPELLMEISTER Haben Sie gleich mit längeren Hungertou-ren begonnen, wenn ich fragen darf?

PLIVENTRANS Nein – auch in diesem Beruf fängt man im kleinen an. Während zum Beispiel meine Eltern zu den Mahlzeiten Schweinsbraten und Kartoffelknödel pfundweis verschlangen, durfte ich nur zuschauen; nicht daß sie mir das Mittagessen nicht vergönnt hätten, nein, nur um mich für meinen Beruf zu trainieren.

DER KAPELLMEISTER Wie alt sind Sie eigentlich schon, Herr Pliventrans, wenn ich fragen darf?

PLIVENTRANS Ich bin noch nicht alt; ich bin auch nicht jung. Ich bin ungefähr mittelalt.

DER KAPELLMEISTER Also im Mittelalter geboren. – Wir haben also heute die Ehre, daß Sie bei uns hier im ›Tingeltangel‹ Ihre eigenartige Kunst zeigen. Denn ein Hungerkünstler hat sich bei uns noch nie produziert und wir freuen uns, unseren Gästen einmal etwas Neues bieten zu können.

PLIVENTRANS Mein verehrter Herr Musikdirektor! Ich will Ihnen und den Leuten natürlich Ihren Wunsch nicht abschlagen und meine eigenartige Kunst ganz gern zeigen.

DER KAPELLMEISTER Meine Damen und Herren! Sie werden staunen, mit welcher Geschwindigkeit Herr Baptist Pliventrans zweiundvierzig Tage lang keine Nahrung zu sich nehmen wird. Herr Baptist Pliventrans beginnt auf ein Glockenzeichen seine zweiundvierzigtägige Hungerkur. – Herr Baptist Pliventrans! Sind Sie für den Rekord bereit?

PLIVENTRANS Jawohl.

DER KAPELLMEISTER *gibt ein Glockenzeichen* Das ist der Beginn der zweiundvierzigtägigen Hungerkur! *Er schaut auf seine Taschenuhr* In zweiundvierzig Tagen, abends zehn Uhr, findet in diesem Lokal an derselben Stelle wieder die erste Nahrungsaufnahme statt. – Es würde uns sehr freuen, wenn sich die heute hier versammelten Herrschaften zu diesem sensationellen Ereignis wieder hier einfinden würden. – Der Hungerkünstler Pliventrans verabschiedet sich nun von Ihnen.

PLIVENTRANS Auf Wiedersehen! *Er verbeugt sich vor dem Publikum – beide gehen ab – der Vorhang der Hinterbühne schließt sich.*

DER KAPELLMEISTER Zum Schluß kommt jetzt die Ouvertüre dran
– ›Dichter und Bauer‹ –.

KARL VALENTIN Die können wir heut nicht machen, weil der
Trommler nicht da ist.

DER KAPELLMEISTER Das seh ich auch, daß der nicht da ist.

KARL VALENTIN Nein, der ist nicht da.

DER KAPELLMEISTER Das seh ich doch selbst, daß er nicht da ist.

KARL VALENTIN Wie kann man denn einen sehen, wenn er nicht
da ist?

DER KAPELLMEISTER Wer sieht ihn denn?

KARL VALENTIN Sie!!

DER KAPELLMEISTER Nein, ich hab gsagt, ich seh, daß er nicht da
ist. Ich kann ihn doch nicht sehn, wenn er nicht da ist.

KARL VALENTIN No ja, das mein ich ja.

DER KAPELLMEISTER No also – – oder sehn ihn Sie?

KARL VALENTIN Ahhhh –

DER KAPELLMEISTER Der kommt auch heute nicht, der hat heute
Ausgang, drum müssen Sie jetzt trommeln.

KARL VALENTIN Ich kann ja nicht, weil ich die Trompete in der
Hand habe.

DER KAPELLMEISTER Dann legen Sie s' weg. Jetzt weiß er nicht
wo ers hinlegen soll – solls ich Ihnen vielleicht halten?

KARL VALENTIN Ja, da –

DER KAPELLMEISTER Das können Sie sich denken – jetzt marsch –
holen Sie sich rasch die Pauke herüber –

KARL VALENTIN Die kann ich aber nicht allein tragen.

DER KAPELLMEISTER Lassen Sie sich helfen, ersuchen Sie einen
Kollegen, da hilft Ihnen schon einer.

KARL VALENTIN Anderl, helfen!

DER KAPELLMEISTER Nur recht ungebildet sein – Anderl, Sie müssen helfen.

ANDERL *geht hin zu ihm* Um was handelt sichs denn?

KARL VALENTIN Der Zuber soll da hinüber kommen.

ANDERL Wann denn?

KARL VALENTIN Der Anderl läßt fragen, wann?

DER KAPELLMEISTER Augenblicklich –

KARL VALENTIN Magst lieber da tragen? *Sie wechseln den Platz.*

ANDERL Lieber wärs mir aber schon dort gewesen, weil ich da besser tragen könnte, weil ich links bin.

KARL VALENTIN Du bist links? – Machst du alles links – Essen – Trinken – Schlafen – Husten –?

Anderl sagt zu allem ja.

DER KAPELLMEISTER Was ist denn das für eine Privatunterhaltung?

KARL VALENTIN Der Anderl erzählt mir grad, daß er links ist, der macht alles links.

DER KAPELLMEISTER Ach der – der spinnt ja.

KARL VALENTIN Auch links?

DER KAPELLMEISTER Das interessiert doch keinen Menschen, was der für Untugenden hat.

KARL VALENTIN Nein, mir hat ers eben erzählt und ich war ganz überrascht davon.

DER KAPELLMEISTER Das ist ja zu interessant.

KARL VALENTIN Also, dann gehst hinüber. *Sie wechseln den Platz.*

DER KAPELLMEISTER Ja, hört jetzt die Rumtanzerei noch nicht bald auf?

KARL VALENTIN Ja, der Anderl möcht eben lieber drenten tragen.

DER KAPELLMEISTER Das ist doch gleich, wo man hier trägt – die Pauke ist doch rund.

KARL VALENTIN Es ist eben sein sehnlichster Wunsch.

DER KAPELLMEISTER Dann soll er machen, daß er nüber kommt.

KARL VALENTIN Er will aber drenten tragen.

DER KAPELLMEISTER Ist ja recht – kommen Sie rüber auf diese Seite und er soll hinübergehen. Vorwärts – keine Widerrede mehr.

Die beiden wechseln unwillig und zögernd den Platz.

KARL VALENTIN Jetzt haben Sie uns doch mißverstanden – er will nämlich drenten tragen.

DER KAPELLMEISTER Da war er ja grad – warum ist er denn dann hinübergelaufen?

KARL VALENTIN Weil Sie ihn nübergeschickt haben.

DER KAPELLMEISTER Sie haben gesagt, er will drenten tragen – und drenten ist meiner Ansicht nach drüben auf der andern Seite.

KARL VALENTIN Ja, von Ihnen aus ist drenten drüben – aber vom Anderl aus ist drenten herüben, außer er steht herenten, dann ist es umgekehrt.

DER KAPELLMEISTER Das kann kein Mensch verstehen, drenten und herenten – sprechen Sie deutsch, daß man sich auskennt.

KARL VALENTIN Das ist ganz einfach – sagen wir zum Beispiel – –

DER KAPELLMEISTER Ich will gar nichts mehr wissen von Ihnen. *Beide heben die Pauke langsam vom Boden.*

DER KAPELLMEISTER Was ist denn jetzt wieder?

KARL VALENTIN Weil Sie sagen, Sie wollen helfen.

DER KAPELLMEISTER Ich helfe euch dann hernach, wenn wir fertig sind. Vorwärts – schneller –!

KARL VALENTIN Der Anderl sieht nicht, wo er hingeht.

DER KAPELLMEISTER Der soll seine Augen aufmachen, dann sieht er schon.

KARL VALENTIN Hint hat er doch keine Augen – geh nur zu, Anderl, ich sag dirs schon, wennst wo anstoßt. *Sie stoßen an.* Jetzt – *Beide gehen wieder ein Stück zurück – Valentin dreht sich um und sagt* Jetzt laß sie nunter – halt – jetzt bist mir in den Schuh neikommen – *sie stellen die Pauke auf den Boden – dann leise* Jetzt ham mirs wieder.

DER KAPELLMEISTER Ich verstehe Sie nicht – sprechen S' lauter.

KARL VALENTIN Ich sag, jetzt ham mas wieder.

DER KAPELLMEISTER Anderl, sind Sie fertig – gehn S' doch auf Ihren Platz – der schläft mir direkt im Stehen ein.

KARL VALENTIN Das ist ein langweiliger Tropf.

DER KAPELLMEISTER Ist nur gut, daß Sie so flink sind – sonst wärs überhaupt nichts. So, jetzt rasch die Pauke stimmen – halt, was hat denn die für einen Ton ??

KARL VALENTIN Einen gräuslichen –

DER KAPELLMEISTER Wie kommt denn das?

KARL VALENTIN Vielleicht machts das aus, weil die Tschinelle drauf liegt?

DER KAPELLMEISTER Ja, natürlich, das ist doch ganz klar.
Karl Valentin stimmt und horcht jetzt am Schlegel.

DER KAPELLMEISTER *muß auch horchen und sagt* Jetzt ists besser. So, da sind Ihre Noten, zählen Sie gut mit und haun Sie ja nicht zu früh hinein, am Anfang haben Sie acht Takt Pause.

KARL VALENTIN Acht Tag ??

DER KAPELLMEISTER Acht Takt hab ich gesagt – der möchte gleich acht Tag Pause machen. Übrigens, was seh ich denn da, Sie haben ja gar keine Gläser in Ihre Augengläser drin.

KARL VALENTIN Seit fünf Jahren schon nimmer; die sind mir einmal zerbrochen, weil ich draufgetreten bin; und seit der Zeit hab ichs nicht mehr, weil ichs da ganz herausgeschlagen hab.

DER KAPELLMEISTER Was setzen Sie dann das leere Gestell auf, das hat doch gar keinen Zweck?

KARL VALENTIN Besser ists doch wie gar nichts.

DER KAPELLMEISTER Sie haben immer eine gute Ausrede – so, jetzt fangen wir an.

KARL VALENTIN Hats Ihnen der Anderl schon erzählt?

DER KAPELLMEISTER Warum, was will er denn noch?

KARL VALENTIN Denken S' Ihnen nur, wir haben gestern einen Zufall erlebt. Ich und der Anderl gehen gestern in der Kaufinger Straße und reden grad so von einem Radfahrer – im selben Moment, wo wir von dem Radfahrer sprechen – kommt zufälligerweise grad einer daher.

DER KAPELLMEISTER Ja – weiter?

KARL VALENTIN Was weiter ??

DER KAPELLMEISTER Wo ist denn da der Zufall?

KARL VALENTIN Ich sag, mir haben von einem Radfahrer gesprochen – und im selben Moment, wo mir von dem Radfahrer gredt habn, is grad einer daherkomma!

DER KAPELLMEISTER Ja – und was war dann mit dem Radfahrer?

82

Was hat denn der getan?

KARL VALENTIN Nichts! – Weitergfahrn is er wieder.

DER KAPELLMEISTER Wo ist denn da der Zufall?

KARL VALENTIN D a s is ja der Zufall!

DER KAPELLMEISTER Also, das ist doch kein Zufall mit dem Rad-fahrer da! – Das ist überhaupt nix! – Gar nichts!

KARL VALENTIN Nicht amal der Radfahrer?

DER KAPELLMEISTER Nein – ich mein, das ist doch kein Zufall, wenn da in der Kaufinger Straßn a Radfahrer daherkommt! – Da fahrn ja im Tag a paar tausend Radfahrer umanander!

KARL VALENTIN Nein, einer is bloß komma!

DER KAPELLMEISTER Ich meine, da kommt fast alle Meter wieder a anderer Radfahrer daher!

KARL VALENTIN Ja, aber net, wenn man davon redt!

DER KAPELLMEISTER Ach, da hätten Sie schon von was ganz an-derem reden sollen.

KARL VALENTIN Wir haben aber von nix anderm gredt!

DER KAPELLMEISTER Das weiß ich schon – ich mein nur, wenn Sie zum Beispiel von einem Flieger gesprochen hätten –

KARL VALENTIN Ham ma net! – Mir ham von einem Radfahrer gredt!

DER KAPELLMEISTER Das weiß ich ja – ich mein, w e n n Sie von einem Flieger gesprochen hätten! – Und im selben Moment wär da oben einer dahergekommen, dann wärs eher ein Zu-fall gwesn!

KARL VALENTIN Ja, – naufgschaut ham ja mir net!

DER KAPELLMEISTER Aber ich mein doch nur – wenn Sie statt von dem Radfahrer von einem Flieger gsprochn hätten!

KARL VALENTIN Wieso? – Wie kann ich denn von einem Flieger sprechen, wenn ich von einem Radfahrer sprech?

DER KAPELLMEISTER Ich mein eben, – grad so gut, wie Sie von ei-nem Radfahrer gredt habn, hätten S' auch von einem Flieger sprechen können!

KARL VALENTIN Ausgeschlossen!

DER KAPELLMEISTER Ja haben Sie denn noch nie in Ihrem Leben

von einem Flieger gesprochen?

KARL VALENTIN Schon oft – aber da nicht – d a habn mir nur von einem Radfahrer gredt!

DER KAPELLMEISTER Jetzt lassen S' mir mei Ruh, ich will nichts mehr hören von Ihnen!

KARL VALENTIN Also morgen gehn wir wieder spazieren – dann reden wir von einem Flieger – aber wehe! – wenn dann a Radfahrer daherkommt!

Nun hebt ein unglaubliches Musizieren an: das Vorstadtorchester spielt die Ouvertüre zu ›Dichter und Bauer‹. Der Kapellmeister dirigiert mit Leidenschaft. Sein Lötkrawattl rutscht ihm auf den Rücken. Die beiden Gummiröllchen fliegen nacheinander im hohen Bogen durch die Luft und landen im Orchester. Karl Valentin verpaßt an seiner großen Trommel natürlich alle Einsätze und donnert immer im falschen Moment, was jedesmal mit wütenden Blicken und Gesten seitens des Kapellmeisters quittiert wird und alsdann neue Entschuldigungsgebärden und -verrenkungen des unglückseligen Aushilfspaukers auslöst. Was sich bei dieser Ouvertüre, die den Schluß unseres Stegreifspiels krönt, an komischen Einfällen und grotesken Gags alles abspielt, ist unbeschreiblich. Jedenfalls zeigen die acht Musiker und ihr Kapellmeister in zunehmendem Maße alle Zeichen der völligen Erschöpfung, wenn sich endlich der Vorhang schließt.

DAS RECHENPHÄNOMEN

RECHENKÜNSTLER Meine geehrten Damen und Herren! Ich gestatte mir, mich Ihnen vorzustellen als Rechen- und Gedächtniskapazität. Ich bin imstande, einstellige, zweistellige oder fünfstellige Zahlen hinter mir auf die Tafel schreiben zu las-

sen und ohne daß ich einen Blick auf dieselbe hinwerfe, frei im
Gedächtnis wieder herzusagen. Ich werde die Zahlen in meinem wahnsinnigen Gedächtnis addieren, subtrahieren, jonglie-
ren, radieren, korrespondieren, applaudieren und operieren.
Ich werde die Zahlen untereinander, übereinander, nebeneinander, durcheinander, auseinander multiplizieren und die
Summe Ihnen in wenigen Sekunden verkünden. Natürlich bin
ich bei derlei Produktionen auf Ihre gütige Unterstützung angewiesen.

VALENTIN Da werds schlecht ausschaugn mit der Unterstützung.

RECHENKÜNSTLER Wieso? Ich mein doch nicht Geld, ich mein, daß
die Herrschaften mich so unterstützen, indem sie mir Zahlen
zurufen. Herr Theatermeister, bitte schreiben Sie die Zahlen
hier auf die Tafel. *Zum Publikum* Also bitte, rufen Sie mir
recht laut und deutlich fünfstellige Zahlen zu. Darf ich bitten!

VALENTIN 55.

RECHENKÜNSTLER Fünfstellige Zahlen sagte ich doch.

VALENTIN 555.

RECHENKÜNSTLER Sinds doch ruhig! *Zum Publikum* Darf ich
bitten!

PUBLIKUM 22786.

Der Theatermeister schreibt jede Zahl an die Tafel.

RECHENKÜNSTLER Danke sehr!

VALENTIN Bitte bitte!

RECHENKÜNSTLER Zu Ihnen hab ichs doch nicht gesagt – sinds
ruhig. *Zum Publikum* Bitte schön!

PUBLIKUM 63455.

VALENTIN Das gilt nicht, das is a Telefonnummer.

RECHENKÜNSTLER Macht doch nichts! Meinens, ich weiß alle Tele-
fonnummern auswendig?

PUBLIKUM 36857.

VALENTIN Das ist a schöne Zahl.

RECHENKÜNSTLER Bitte die nächste Zahl.

VALENTIN Das war ja die nächste.

PUBLIKUM 27432.

VALENTIN Also Zahlen gibts auf der Welt.

PUBLIKUM 00.

VALENTIN Die Zahl ist besetzt.

RECHENKÜNSTLER Zählen Sie die Zahlen auf der Tafel zusammen einstweilen, Herr Aufschreiber. Welche Zahl soll ich Ihnen jetzt nennen?

PUBLIKUM Die zweite Reihe.

RECHENKÜNSTLER Die zweite Reihe auf der Tafel geschrieben heißt... *Er denkt nach.*

VALENTIN Auweh!

RECHENKÜNSTLER Was auweh? Redens doch nicht so saudumm drein – ich muß mich doch zuerst besinnen. *Jedesmal, wenn das Publikum eine Zahl wissen möchte, blickt er schnell und heimlich auf die Tafel, die hinter der Pauke lehnt. Valentin unterbricht ihn ständig mit blöden Zurufen und liefert ihm somit den Vorwand sich umzudrehen.*

RECHENKÜNSTLER Soll ich Ihnen vielleicht eine einzelne Ziffer nennen?

VALENTIN Nein!

RECHENKÜNSTLER Ich hab doch Sie nicht gefragt!

PUBLIKUM Die dritte Ziffer der vierten Reihe!

RECHENKÜNSTLER Das ist sehr einfach, das ist eine 6. Haben Sie vielleicht sonst noch einen Wunsch?

VALENTIN Ja, a halbe Bier könntens mir zahln!

RECHENKÜNSTLER Zum Schluß werde ich nun sämtliche Zahlen im Kopf zusammenrechnen und Ihnen das Endresultat fehlerfrei mitteilen.

VALENTIN Oder was beißt mi!

RECHENKÜNSTLER Ich bitte endlich einmal diese Zurufe zu unterlassen, ich muß doch bei der Sache sein, ich arbeite doch mit dem Kopf!

VALENTIN Ja, mir blasn auch net mit de Füaß.

RECHENKÜNSTLER Die Gesamtsumme auf der Tafel geschrieben heißt: 150530. Stimmt das?

PUBLIKUM Ja! *Musik – Tusch.*

RECHENKÜNSTLER Danke sehr für Ihre Aufmerksamkeit. Das war der Schluß meiner Produktion. Guten Abend!

VALENTIN *nimmt die Tafel und gibt sie dem Theatermeister* Nehmens die Tafel auch gleich mit – die brauchen wir nicht mehr.

STURZFLÜGE IM ZUSCHAUERRAUM

Auf der Bühne steht der Flugapparat.

IMPRESARIO (LIESL KARLSTADT) Damen und Herren! Sie haben heute das seltene Vergnügen, den Lokalschauflügen des bekannten Meisterfliegers Herrn Lorenz Fischer beiwohnen zu können. Schauflüge auf freien Plätzen à la Pegoud, Udet und so weiter sind heute keine Seltenheit mehr; ganz anders aber verhält es sich bei den Schauflügen des Herrn Lorenz Fischer. Dieser ist imstande, durch die Erfindung seines Elektro-Liliput-Eindeckers nach System »Fokker« im kleinsten Saale Rund- und Sturzflüge zu veranstalten, ohne dem werten Publikum zu garantieren für etwaige Unfälle. Bei seinen bereits absolvierten Gastspielen in Hannover, Hanau, Halle, Holland, Heilbronn, Hellabrunn und so weiter wurde Herr Lorenz Fischer mit Medaillen prämiiert.

FLIEGER (KARL VALENTIN) *zeigt seine Medaillen.*

IMPRESARIO Herr Lorenz Fischer wird nun sogleich seinen Apparat in Bewegung setzen und seine Vorführungen beginnen. Die Schauflüge bestehen:

1. Senkrechter Kurvenflug im horizontalen Kreisdreieck.
2. Geometrisch achtwinkeliger Sturz-Saltomortale in achtzigprozentig verdrängendem Luftkegel.

Zum Schluß der grauenerregende Adlerflug mit 150 Kilometer Geschwindigkeit.

FLIEGER *hat sich an den Propeller gelehnt, rutscht ab, weiß nicht, wo er die Hand hintun soll, steckt sie in den Fäustling.*

IMPRESARIO Während seinen sämtlichen Flügen wird Herr Lorenz Fischer sich mit der Londoner Oper drahtlos in Verbindung setzen und die Herrschaften haben also heute abend schon Gelegenheit, die Londoner Opernaufführung mittels Lautsprecher zu hören. Auf dem heutigen Londoner Opernprogramm steht »Der Müller und sein Kind«. Erfahrungsgemäß und laut polizeilicher Verordnung werden die Herrschaften dringend ersucht, während den Flügen ruhig und ohne Angst sitzen zu bleiben und die verehrlichen anwesenden Damen werden gebeten, ihre Hüte abnehmen zu wollen. Herr Lorenz Fischer bezahlt jedem Aviatiker eine Prämie von 100 bis 200 Mark, der imstande ist...

FLIEGER *flüstert dem Impresario ins Ohr.*

IMPRESARIO ...bis 300 Mark sogar, der imstande ist, auf diesem Apparat hier auch nur den geringsten Flug zu unternehmen. Bitte los!

FLIEGER *zieht seine Fäustlinge aus, trinkt aus dem Maßkrug, der im Flugzeug steht.*

IMPRESARIO Das ist ja furchtbar!

FLIEGER Wo ist denn der Scheinwerfermann?

IMPRESARIO Beleuchter, kommen Sie raus, Sie müssen den Saal dunkel machen und die Lampen höher hängen.

FLIEGER Ja, und immer vorausleuchten, wo ich hinfliegen will, also immer vorher verfolgen mit dem Licht.

Der Beleuchter schaltet den Scheinwerfer ein.

FLIEGER Schneller, lauter!

IMPRESARIO Greller, stärker! So ists recht! Jetzt werfens an.

FLIEGER *wirft den Propeller an, es klappt nicht* Was ist denn los?

IMPRESARIO *probiert es ebenfalls, es klappt nicht* Was ist denn los?

FLIEGER Ich weiß auch nicht, vor acht Jahr ist er so gut gangen.

IMPRESARIO *wirft den Propeller wieder vergeblich an.*

FLIEGER Weil er immer im Hausgang drauß steht, da spieln immer die Hundsbuam damit. *Er pumpt einen Reifen auf und beschimpft den Beleuchter.* Er leucht scho net gscheit umananda auch.

IMPRESARIO Warum kümmern Sie sich nicht um Ihren Apparat? Das macht man doch vorher!

FLIEGER Vorher hab ich doch nicht gwußt, daß er net geht. *Er öffnet die Motorhaube.* Wir brauchen halt amal a neue Kommunion-, Firmungs- ah, Zündkerzn.

IMPRESARIO Was ist denn?

FLIEGER Samstag.

IMPRESARIO *zum Publikum* Einen Moment, bitte.

FLIEGER Mir ists ja selber peinlich. – Mein Gott, die Trambahn ist auch schon manchmal net gangen.

IMPRESARIO Ich mach vorher mordsgroße Sprüche und nun gehts nicht.

FLIEGER Das soll man eben vorher nie tun – jetzt werfens nochmal an!

IMPRESARIO *wirft wieder an.*

FLIEGER Ah, die große Mutter ist rausgangen. *Schreit* Mutter!

IMPRESARIO Schreins doch nicht so, wo ist denn unser Werkzeugkasten?

FLIEGER Wir haben doch keinen Werkzeugkasten.

IMPRESARIO Natürlich, der steht doch im Fliegerschuppen.

FLIEGER Wir haben doch keinen Fliegerschuppen.

IMPRESARIO Ach was! *Er wirft wieder an, der Motor läuft. Ein Pfeifensignal ertönt.* Alles sitzenbleiben! *Er gibt dem Flieger das Startzeichen.*

DIREKTOR *kommt lärmend und schimpfend durch den Saal gelaufen* Halt! Nicht fliegen! Stellen Sie ab! Das geht nicht! Abstellen! Aufhören!

IMPRESARIO So gehen Sie doch weg, Sie stören ja da!

FLIEGER Ich kann doch nicht starten.

DIREKTOR Sie sollen abstellen und aufhören!

IMPRESARIO Ich verstehe kein Wort.

FLIEGER *läßt immer wieder den Motor anlaufen.*

IMPRESARIO So stellen Sie endlich den Apparat ab, ich weiß doch nicht, um was sichs handelt.

FLIEGER Ist ja abgestellt, da ist halt noch ein Funken drin.

DIREKTOR Dann tun Sie ihn raus, den Funken.

FLIEGER Freilich, wegen Ihnen werd ich mir die Pratzen verbrennen!

DIREKTOR Was fällt Ihnen ein, hier im Theater mit einem Benzinmotor zu fliegen, sind Sie denn von Sinnen?

FLIEGER Nein, von hier.

DIREKTOR Ich habe geglaubt, das ist eine ganz ungefährliche Sache, nun kommen Sie mit diesem Benzinmotor daher.

FLIEGER Ja, mitm Kartoffelsalat kann ma net fliegen.

DIREKTOR Stellen Sie sich vor, wenn da ein Tropfen Benzin heruntertropft; die Damen haben alle elegante Kleider an.

FLIEGER Ist net so gefährlich.

DIREKTOR So, frech sind Sie auch noch!?

FLIEGER Ja!

DIREKTOR Wenn ein Kleid kaputtgeht, bezahlen Sie den Schaden?

FLIEGER Nein.

DIREKTOR Also, dann wird auf keinen Fall geflogen.

IMPRESARIO Es kann nichts passieren, wir haben ja ein Netz da. Bringens das Netz heraus. *Jemand bringt das Netz.* So, das wird jetzt übers Publikum gespannt, dann ist das ganze Publikum überspannt.

FLIEGER Ja, machen Sies überall mit Reißnägel an.

DIREKTOR Was wollen Sie denn mit diesem Netz, da können Sie Maikäfer fangen damit.

FLIEGER Im Winter gibts keine Maikäfer.

IMPRESARIO Also, tun Sies wieder weg, wenn das auch nichts ist.

DIREKTOR Das Netz ist doch viel zu dünn, hat auch viel zu weite Maschen, da fallen Sie doch durch.

FLIEGER No ja, besser ists doch wie gar nichts.

DIREKTOR Aber wenn Sie mit Ihrem schweren Apparat durch das Netz stürzen, da sind ja mindestens zehn Personen kaputt!

FLIEGER Übertreibens nicht alles so, zehn Personen! Höchstens zwei oder drei.

DIREKTOR *zum Impresario* Schuld sind aber Sie! Sie sind doch der Impresario?

IMPRESARIO Ha?

DIREKTOR Sie sind doch der Impresario? Sie haben mir die Sache als vollkommen gefahrlos erklärt, wie sind Sie dazu gekommen? Geben Sie mir doch Antwort! *Zum Flieger* Sie, ist das Ihr Impresario?

FLIEGER Der da? Sehr angenehm!

DIREKTOR Das ist ja ein Idiot!

FLIEGER Leider, den hat einmal ein Propeller gestreift, seit der Zeit ist er damisch.

DIREKTOR Da ist einer blöder wie der andere. Also weg mit dem Apparat, geflogen wird hier nicht. Verlassen Sie die Bühne! Glauben Sie, wir lassen uns unsere sämtlichen Lampen und Lüster zerschlagen, glauben Sie, wir lassen uns einsperren wegen Ihnen?

IMPRESARIO Sie waren ja schon eingesperrt!

DIREKTOR Also vorwärts, machen Sie, daß Sie rauskommen, sonst fliegen Sie raus! *Ab.*

IMPRESARIO So, jetzt ham mas!

FLIEGER Jetzt stehn wir da wies Kind vorm Flugzeug; ich hab mirs aber glei denkt wie er reinkommen ist, daß er koppt.

IMPRESARIO Ich kann auch nichts dafür, ich hab auch gemeint, daß vielleicht...

FLIEGER Ja, gmeint und gflogen ist zweierlei.

IMPRESARIO Wissen Sie, gar so unrecht hat er nicht ghabt, es ist schon ziemlich klein da herin, zu klein, das wäre direkt kleinlich, wenn man da herin umananda fliegen würde.

FLIEGER Es ist zu furchtbar klein, angwandelt wären wir auf jeden Fall.

IMPRESARIO Ich sag, es wär vielleicht doch etwas passiert, wenn wir gflogen wären.

FLIEGER Weil... Sicher...

IMPRESARIO So etwas gehört auch im Freien vorgeführt und nicht im Theater, sondern draußen auf freiem Felde, auf der Oktoberwiese...

FLIEGER Sie können aber nicht verlangen, daß die Leut jetzt mit uns auf d'Wiesen nausgehn sollen. Dann entschuldigens Ihnen, sagen Sie, wir hätten fliegen wollen, aber der Direktor ist gekommen.

IMPRESARIO Das brauch ich doch nicht zu sagen, das hat doch jeder Mensch gehört.

FLIEGER Vielleicht ist grad einer drauß gwesen.

IMPRESARIO Hochgeehrte Damen –

FLIEGER Sagen Sies einfach den Herrschaften.

IMPRESARIO Ich weiß doch selbst was ich zu sagen habe. – Hochgeehrte Damen.

FLIEGER *läßt den Motor wieder anspringen, der Flugapparat, den Valentin nur mit Mühe festhalten kann, setzt sich in Bewegung. Der Impresario läuft schnell zur Seite.* Lauft er davon, der Aff. Wenn ich ihn nicht grad noch erwisch, dann ists gfehlt, wenn hinten die Tür auf ist, dann ham man gsehn.

IMPRESARIO Hochgeehrte Damen und...

FLIEGER *wirft erneut den Propeller an.*

IMPRESARIO Das ist ja ein Leichtsinn sondergleichen, ich steh in der Mitte vorm Apparat, was glauben Sie, was da für ein Unglück passieren könnte. – Ich danke schön!

FLIEGER Bitte bitte!

IMPRESARIO *möchte sprechen, dreht sich um und erschrickt. Valentin kann den Apparat nun nicht mehr bändigen, er umklammert ihn mit beiden Händen und folgt ihm hüpfend.* Also hinter mir muß unbedingte Ruhe herrschen, sonst kann ich nicht sprechen.

FLIEGER Für die Ruhe hinter Ihnen müssens schon selber sorgen.

IMPRESARIO Ich bin jetzt ganz nervös geworden. – Hochgeehrte Damen und Herren! Sie haben unseren guten Willen gesehen, wir wollten doch absolut fliegen, aber die Direktion hat es uns soeben ausdrücklich verboten. Mir tut es natürlich unendlich leid, Ihnen wird es ebenso leid tun!

FLIEGER Alle Leut tuts leid!

IMPRESARIO Aber wie gesagt, meine Wenigkeit kann natürlich da auch nichts mehr dagegen machen. Ich bitte die verehrten Anwesenden vielmals um Verzeihung. Sie sehen ja, wir wollten fliegen, aber wir dürfen nicht.

FLIEGER Wir dürfen schon. Ab morgen...

DIREKTOR *kommt von hinten auf die Bühne gelaufen* Nein, Sie dürfen auf keinen Fall! Machen Sie, daß Sie hinauskommen!

IMPRESARIO Da, jetzt kommt er wieder daher. Kommen Sie, wir gehen jetzt.

FLIEGER Das werden wir schon sehen, vielleicht sind Sie noch einmal froh um solche Schaunummern. Wir wollten schon in ganz anderen Lokalen fliegen, da ists uns auch verboten worden!

IMPRESARIO Kommen Sie, regen Sie sich nicht auf.

FLIEGER Wir lassen uns das nicht gefallen, Sie sind auf uns nicht angewiesen, aber wir auf Sie, das müssen Sie sich merken!

DER HERZOG KOMMT

Das Münchner Kindl tritt auf und spricht den Prolog.
                    Nennt man die gute, alte Zeit,
                    wie wird da jedes Herz so weit,
                    denn für uns hüllt ein Glorienschein
                    von Urgemütlichkeit sie ein.
                    Die Schattenseiten sind entschwunden,
                    die man damals wohl empfunden,
                    und nur das Biedre und Bequeme,
                    das Mollige und Angenehme
                    dünkt uns in unsrer Zappelhast

als Ideal des Lebens fast.
Besieht mans rüber und hinüber,
gibts manches wohl zu lächeln drüber:
wie der Soldat da Posten stand,
den langen Strickstrumpf in der Hand,
wie er sich mit dem Hauptmann duzte
und wie die Jugend beide uzte.
Kurz, jene Zeit umgibt ein Flor
von harmlos heiterem Humor,
von unsrer alten Bürgerwehr,
die gmütlich war und so leger.
Drum werfen Sie jetzt Ihren Blick
a hundert Jahrl weiter zrück
und denkens voller Seligkeit
an unsre gute alte Zeit.

Nachdem das Münchner Kindl abgegangen ist, erklingt der Finnländische Reitermarsch und – Valentin voran – marschiert die Bürgerwehr auf.

STUCKMEISTER (KARL VALENTIN)

Ich bin der Josef Stuckmeister vom Bürgerbataillon,
ich blas bei unsrer Blechkapelln den großen Bombardon,
und ziehn wir so auf die Parad, zu unsrer Hauptwach her,
da schrein die Leut: »Der Dürre da, *das* ist der Stuckmeister?«
Ich bin der Schönste von der Bürgerwehr – des Bayerlandes
Stolz und Ruhm.
Amal ists ganze Regiment in das Manöver zogn,
doch weil ich streng verheirat bin, hats mir mei Frau verbotn,
doch trotz des ehlichen Verbots blieb ich beim Regiment,
ich trotzte diesem Weibergschwätz, Potz Himmel Saprament.
Ich bin der Schneidigste der Bürgerwehr – des Bayerlandes
Stolz und Ruhm.
Ich stand einmal direkt vorm Feind inmitten von der Schlacht,
da hab ich als Trompeter ein Bravourstückl gemacht.
A Niespulver beinah zwei Pfund steckt ich in Bombardon

und blies es dann dem Feind hinum, Sie – der lief schnell davon.
Ich bin der Schlauste der Bürgerwehr – des Bayerlandes
                                        Stolz und Ruhm.

*Der Chor wiederholt bei jeder Strophe den Refrain. Zum
Schluß wieder der Finnländische Reitermarsch, während alle
bis auf Stuckmeister und Alisi abmarschieren.*

ALISI Soll i dei Roß glei in Stall außiweisen?

STUCKMEISTER Kümmer di du um dei Trommel und i kümmer
mich um mein Heiter*.

ALISI Aber wennst moanst, na gibst man mit, dann führ ich
ihn glei naus.

STUCKMEISTER Der muaß net naus.

ALISI O mei Gott schau ihn o, wia eahm d'Zung raushängt, wia
lang.

STUCKMEISTER Ich woaß scho, weil der Kopf z'kurz ist.

Alisi geht ab.

STUCKMEISTER Wia war ich als Soldat? Ich als Sinnbild Bayerns
Stärke. Ja ich bin gar net so mager wie ich ausschaug, i gstell
mi nur so. Des Bombardonblasen treibt oan außanand. Ich
war früher a ganz schmächtigs Bürscherl, i bin erst so auseinander ganga, seit i bei der Musi bin. Ja, als Bua sollns mi erst
gsehn ham, glei nach der Geburt. Herrgott war ich mager, also
ausgschaut hab ich wia a Salzgurken, drum hättens mi aa net zu
de Soldaten nehma wolln. Aber ich hab mi freiwillig melden
müssen, von meim Vater aus. Mei Vater war aa bei der Bürgerwehr, der war General – eigentlich wara Seifensieder im Beruf, General war er nur so nebenbei. Ich kannt heut noch lacha,
wie mir d'Musterung ghabt ham, beim Faberbtau im Hof
hint, die Gaudi, wia mir uns alle auszogn ham. I hab mi net
vui gschamt, weil i so dürr war – besonders da, da hab i lauter
so Rippen, so rausstehende. Der Hauptmann hat zu mir gsagt,
ja Stuckmeister, hast den du amal a Leiter gfressn? Na, hab i
gsagt, aber mei Mutter nimmt mi allaweil her zum Meerrettich-

* Bayerischer Ausdruck für Schindmähre

95

reibn. Ja, jetzt bin i scho bald drei Jahr bei der Bürgergarde, d'Zeit vergeht schnell, ma solls net moana. Mir ists grad, als wenn i scho zwanzig Jahr dabei war. Auf die nächste Woch da hab i scho Angst, da kimmt der Herzog von der Menterschwaige auf Bsuach, des werd wieder so a Gaudi wern. Der General hat gsagt, am Isartor müßn zwoa Kanona aufgstellt wern, zum Salutschießn, das macht der scho guat, wo mir doch bloß oa Kanona ham, und des Luada geht nimmer recht. Also mit dera Kanona ham ma uns scho was geärgert. Da werd da Herzog schaun, und a Standerl müß ma aa no einstudiern fürn Herzog, da ham ma no gnua Arbeit.

Alle Soldaten kommen mit ihren Musikinstrumenten herein.

ALISI Wann fang ma denn zum Proben an?

STUCKMEISTER Jetzt glei.

ALISI Wann kommt denn der Herzog?

STUCKMEISTER Die Tag. – Also paßts auf. Wenn der Herzog kommt, dann kommt er herenten beim Isartor rei, und mir stehen drenten.

ALISI Wo drenten?

STUCKMEISTER No da – mir stehen also drenten, und der Herzog kommt von herenten. Sagn ma mal, du bists Isartor – tua d' Haxn auseinander. Da kommt der Herzog rein. Nun kommts drauf an, wie wir ihn eigentlich empfangen.

ALISI Ja feierlich halt.

STUCKMEISTER Freilich feierlich – aber i moan, was ma blasn.

ALISI Trompeten.

STUCKMEISTER Freili koan Kachelofen. I moan, was ma mit der Trompeten blasn.

ALISI Des is Gschmacksach.

STUCKMEISTER Vo wem denn?

ALISI Vom Herzog, den fragn ma, was er gern hört, und des blas ma dann.

STUCKMEISTER Ah, na is ja koa Überraschung. Also glei wenn er da ist, müß ma an Tusch macha.

ALISI An kalten?

STUCKMEISTER Da tat er ja friern. Ich moan an Tusch blasn: Hoch
    soll er leben!
ALISI Ja paßt denn das fürn Herzog?
STUCKMEISTER Freilich passerts besser fürn Turmwachter, aber des
    macht nix. Also los, wenn ich mit de Knie so mach, dann gehts
    los. *Die Soldaten spielen furchtbar falsch Hoch soll er leben.*
ALLE Halt, das stimmt nicht, das ist ja falsch.
STUCKMEISTER Gebts amal 's ›a‹ o. – Ja ihr habts jas ganze Abc
    beinand. Wo is denn mein Timmpfeiferl? *Macht mit der Nase
    ›äää‹.* So, jetzt muaß geh. *Alle blasen Hoch soll er leben.*
ALISI Das geht ja tadellos.
STUCKMEISTER Aber was blas ma dann zum Abschied, das war
    jetzt erst der Aufschied.
ALISI Kriegt er an Aufschnitt aa?
STUCKMEISTER I moan doch an Aufschied. – Also was blas ma,
    wenn er uns verläßt, da blas ma Verlassen verlassen, das
    paßt am besten. Also teilts die Noten aus – i geh derweil hoam
    zum Essen.
ALISI Jetzt magst scho dableim, dei Essen lauft dir net davon.
STUCKMEISTER Doch, weils a rinnerter Lineburger ist.
ALISI *teilt die Noten aus, der Trommler dirigiert, alle blasen
    Verlassen verlassen.*
STUCKMEISTER *unterbricht zweimal* Halt, der Hosenträger ist mir
    abgrissn.
ALISI *unterbricht bei der nächsten Strophe ebenfalls* Halt, halt!
STUCKMEISTER Jetzt kommt er aa mitn Hosenträger daher. Ist er
    dir aa abgrissn?
ALISI Na, aber einfalln tut mir grad, daß ich scho vierzehn Tag
    an Brief vom Hauptmann im Sack hab. Für dich – und du
    sollstn glei lesen.
STUCKMEISTER Ja fallt dir das jetzt erst ein? Also tu ihn her.
ALISI *liest* Lieber Stuckmeister!
STUCKMEISTER Wem hat der Hauptmann den Brief geschriebn?
ALISI Dir allein.
STUCKMEISTER So? Warum liest ihn dann du.

ALISI Fünftens kannst du überhaupt net lesn, und zweitens möcht ich den Schmarrn gar net wissn.

STUCKMEISTER Und achtens gehts di an Dreck o, was in dem Brief steht.

ALISI Aber zsammbringn tust du den Brief net.

STUCKMEISTER Halts Maul.

ALISI Weil du überhaupts net lesn kannst. Du hast ja im Lesn an Achter ghabt.

STUCKMEISTER 's Mai sollst haltn, und wennst es net kannst, na haltst an Juni. *Liest* Lieber Stuckmeister! Sei so gut – du Alisi wia hoaßt denn des?

ALISI Gell, jetzt warst wieder froh um mich. – Sei so gut und tu du mit den Mannern die Kanonaübung halten, weil ich beim Kegelscheibn bin, und nicht kemma ko.

STUCKMEISTER Was plärrst denn aso? Hat der so a laute Schrift?

ALISI *liest weiter* Um sechs Uhr, wenns es mit der Kanonaübung ferti seids, dann treff ma uns im Hofbräuhaus. Es grüßt und küßt dich dein alter Spezi: Hauptmann Radlhuber.

STUCKMEISTER Jetzt kenn i mi gar nimmer aus, hat er selber den Brief geschribn oder war er beim Kegelscheibn, denn unterm Kegelscheibn kann er doch net schreibn.

ALISI Den hat er doch vorher geschribn.

STUCKMEISTER Des woaß aber i net. Also Männer, jetzt habts es ghört, wir müssen d' Kanonaübung abhaltn, weil der Hauptmann beim Kegelscheibn is, und deswegn net komma ke – ah – kemma ko.

ALISI Wo habts denn mein Kanonawischer hindo?

STUCKMEISTER Des mußt scho selber wissn, wo ist denn eigentlich unser Kanona?

ALISI Was für oane?

STUCKMEISTER Mir ham doch bloß oane.

ALISI Ist die net da?

STUCKMEISTER Jetzt könn ma mitn Nudelwalkler schießn. Wo habts es denn?

ALISI Ja du hast doch z'letzt damit gschossn.

STUCKMEISTER Jessas, de hab i am Gasteigberg drobn steh lassn.

ALISI Bei dem Sauwetter, die werd schö verrost sein.

STUCKMEISTER Geh zua, hols glei.

ALISI Hol dirs doch selber.

STUCKMEISTER Augenblicklich holst d' Kanona, sonst laß i dich wegn Gehorsamverweigerung daschiaßn.

ALISI Mit was denn, wennst koa Kanona hast.

EIN SOLDAT *bringt die Kanone* So da habts es, im Hausgang habt ihrs stehn lassn.

ALISI Obacht! *Fährt dem Stuckmeister mit der Kanone auf den Fuß.* Mit dera Kanona ham ma uns scho ärgern müssn.

STUCKMEISTER Des is ja a Schinderviech.

ALISI Woaßt as no, amal hats net kracht, na ham ma gmoant, sie ist brocha.

STUCKMEISTER Derweil ham mas Laden vergessn ghabt.

ALISI Und amal ham ma lauter Äpfel und Birn neido ins Kanonaloch, und dann ham mas zum Feind nübergschossn.

STUCKMEISTER No, der Feind hat gfressn. – Also Achtung, an die Geschütze! Kracha muaß – Pulverschachtel herrichtn.

ALISI Kanonaloch auswischn.

STUCKMEISTER Anschaffa tua i. – Kanonaloch auswischn.

ALISI Des geht net, as Loch ist verstopft. *Schaut ins Kanonenloch.*

STUCKMEISTER Du mußt natürlich dei Nasn in jedem Loch drinn ham, du Rindviech.

ALISI So, jetzt mag i nimmer! *Geht ab.*

STUCKMEISTER Was hat er denn?

SOLDAT Beleidigt hastn. Weilstn a Rindviech ghoaßn hast.

STUCKMEISTER Des hab i doch net so gmoant. Geh hol ihn nei.

ALISI I mag nimmer mittoa.

STUCKMEISTER Geh letscherter Tropf, wie oft hast denn du mich schon a Rindviech ghoaßn.

ALISI Ja dich – du bist aa oans.

STUCKMEISTER Des woaß i scho, drum bin i aa net beleidigt. – Also Roßmetzger, blas as Signal. *Das Signal ertönt und der Stuckmeister singt*

> Ach wie ist es doch so schwer
> bei der Münchner Bürgerwehr,
> unser Dienst ist nicht beliebt,
> weils da koanc Eschpaß gibt.
> Bsonders bei der Artillerie,
> 's ist die höchste Ironie,
> wega der gringsten Kloanigkeit
> sam mir schon salutbereit.

Tarata Bumm Hallo die Artillerie ist da!
Tarata Bumm Hallo die Artillerie ist da!

ALISI Horch, was ist des – a Fledermaus? *Hält sein Ohr ans Kanonenloch.*

STUCKMEISTER A Fledermaus zwitschert doch net.

ALISI Was könnt dann des sei?

STUCKMEISTER Vielleicht sans Ölsardinen.

SOLDAT Aah, da schau her.

ALISI Aah, Schwaiberln sans – lauter Junge.

STUCKMEISTER De san erschrocka, zittern deans wiara Schweinssulz.

ALISI Geh, hörn mas Schiaßn auf.

STUCKMEISTER Ja freili, wegn den Schwaiberln könna doch mir net de militärischen Übungen unterbrecha. *Der Roßmetzger bläst das Signal und der Stuckmeister singt*

> Ist wo eine Prozession,
> schiaßn wir mit der Kanon,
> und gar beim Oktoberfest
> san ma jeds Jahr draußen gwest.
> Ist das Pferderennats gwen,
> taten wir am Berg drom stehn.
> Wia d' Kanona bum hat to
> ging das Pferderennats o.

Tatara Bumm Hallo die Artillerie ist da!
Tatara Bumm Hallo die Artillerie ist da!

ALISI *versucht die Kanone in Gang zu bringen* Was is jetzt – jetzt krachts net.

STUCKMEISTER Hast net ozundn?

ALISI Freile, is jas Pulverschwammerl abbrennt.

STUCKMEISTER Des muaß ja kracha, des war zum Lacha.

ALISI Schau du amal eini ins Loch.

STUCKMEISTER Des kannst dir denka.

ALISI Jetzt traut er sich wieder net, der Hosenscheißer. *Hüpft schnell an der Kanone vorbei.*

STUCKMEISTER Jetzt schau nur so an leichtsinnigen Tropf an, er als Familienvater hupft vorm Kanonaloch vorbei, wie leicht hätts kracha könna!

ALISI Es hat aber net kracht!

STUCKMEISTER Weils net geht – vielleicht steht d' **Kanona** verkehrt da.

ALISI Ich sag, daß des Wurscht is bei einer Kanona. *Die Kanone geht unter riesigem Getöse los. Alle erschrecken furchtbar; nur der Stuckmeister bleibt regungslos stehen.*

STUCKMEISTER Was habst denn?

ALISI Der schaut allwei, kracht hats doch grad.

STUCKMEISTER Soooooo? *Er erschrickt.*

ALISI Jetzt bist z' spät daschrocka.

STUCKMEISTER So, wieviel Uhr is denn? – Also putz 's Loch aus, daß ma ferti wern. Mach, schick dich besser!

ALISI Wenns di net schnell gnua geht, dann putzt dir dei Loch selber aus. *Der Roßmetzger bläst das Signal und der Stuckmeister singt*

> Ist wo eine Fahnaweih
> ist d' Kanona aa dabei,
> wenn a Veteraner stirbt,
> eine Kugel außafliagt,
> kimmt auf Bsuach a Obrigkeit,
> krachts, das is a wahre Freud.
> De Kanona ist famos,
> bloß im Kriag, da gehts net los.

Er hört plötzlich auf und erschrickt.

ALISI Hats dich jetzt anpackt. Es hat doch no gar net kracht.

STUCKMEISTER Na bin ich diesmal z' früh daschrocka. *Singt weiter*
Tatara Bumm Hallo die Artillerie ist da!
Tatara Bumm Hallo die Artillerie ist da!
STUCKMEISTER Abprotzen – Pulverschachtel aufräumen – Aufstellen! Hat alles vis a vis? Oho – jetzt bin ich in Francosse
neikomma. Ganze Division – vorwärts Marsch! *Die Kapelle
spielt den Finnländer Reitermarsch, während die Bürgerwehr
abzieht.*

MIR PRESSIERT'S

ER Du, Barbara! Wart a bisserl, mir pressierts, i muaß schnell
wohin.
SIE Aha! Gell, ich hab dirs gleich gsagt – auf die drei Maß Bier
hättst die zwoa Äpfel net essn solln.
ER Red net lang, wo is denn da des... du woaßt scho, was i
mein.
SIE Wia soll denn des i wissn? Frag doch irgendeinen Herrn.
ER *zu einem Wiesenbesucher* Herr Nachbar, können Sie mir
sagen, wo man da austreten kann?
ERSTER HERR *(ein Stotterer)* Leileileider bin ich auch hier fremd,
ich bin von Rororosenheim; ich bin nämlich...
ER Entschuldigens bitte, mir pressierts. *Zu einem anderen Wie-
senbesucher* Ach bittschön, Herr Nachbar, können Sie mir
sagn, wo da...
ZWEITER HERR Gleich hinter der Schei... Schießbude links.
ER Danke. Ah, weiß schon.
ZWEITER HERR *ruft ihm nach* Gradaus und dann links.
*Man hört das Gemurmel der zahlreichen Männer, die vor den
Toiletten stehen.*
ER Auweh, da sieg i schwarz. So lang kann i net wartn.
EIN MANN Nix, nix! Sie stelln Eahna aa hintn o wia mir aa!

ER Dankeschön, habs nicht mehr nötig. *Zehn Sekunden Zwischenmusik.*

SIE Ja, bist denn du schon wieder da?

ER Ja, des is schnell ganga.

SIE Du! *Sie zieht die Nase hoch und schnüffelt.* Du, Benedikt! I glaub, du bist in was neitreten.

ER Warum? Sieht mans schon?

SIE Na, sehen nicht, aber... *Sie schnüffelt wieder.* Geh doch in die Wiesn nei und streif dir da deine Schuh gut ab, denn du muaßt ziemlich tief in irgendwas neitreten sein. Vielleicht is d'Hosen auch unten voll.

ER Ja, wenns nur unten voll wär...

SIE Benedikt! Du wirst doch wohl nicht...

ER Ja. Je nun, man trägt, was man nicht ändern kann.

LUFTBALLONKATASTROPHE

BALLONVERKÄUFERIN Wer bekommt noch an Ballon, an schönen Luftballon, nur 50 Pfennig das Stück.

SIE Du, Benedikt, da nehmen mir für unsrer Millifrau ihrn Fritzl oan mit. Gebens uns an schönen Ballon.

ER Wer tragtn den dann? Mir ham so scho soviel Glückshafnglump dabei.

SIE Den Luftballon brauchst doch net tragn, der fliegt doch, den brauchst doch nur mitn Schnürl an dein Westnknopf ohänga. Da geh her, i häng dan hi. So.

ER Des schaut aber kindisch aus! Und des Schnürl kitzelt mi oiwei an der Nasn.

SIE Na ja, dann laß halt kitzeln.

ER Halt! Der Ballon! – Is scho fort. Steigt schon himmelwärts.

SIE Depp saudummer! Im Moment ham man kauft, und er laßt ihn schon wieder aus.

ER I habn doch net auslassn.

SIE Wer denn sonst?

ER Er selber is auskemma! 's Schnürl is an mei brennate Zigarrn hikemma und is obrennt und dadurch is da Ballon entflogen und aus dem Fesselballon wurde ein Freiballon. – Jetzt is er frei! Wie beneide ich diesen kleinen Luftballon! Viele Ehemänner gleichen so einem kleinen Fesselballon – das Schnürl ist die Ehe!

BEIM TIEFSEETAUCHER

Die Kapelle spielt auf. Nach der zweiten Musikpiece erscheint der Taucher, tropfnaß von der letzten Vorstellung.

REKOMMANDEUR Zutritt, Zutritt, meine Herrschaften! Soeben beginnt eine neue Vorstellung. Sie haben heute Gelegenheit, die Tätigkeit eines Tiefseetauchers zu bewundern. In einigen Minuten ist Anfang der Vorstellung. Sie sehen also hier einen Tiefseetaucher. Wie ein Packträger auf dem Lande arbeitet, so hat ein Taucher die Pflicht, unter dem Meere zu arbeiten. Damit dem Taucher das möglich ist, benötigt er einen Taucheranzug und die entsprechende Ausrüstung dazu. Dieser besteht aus einem wasserdichten Gummianzug, der an den Armen und an den Schuhen mit Gummiringen abschließt, um das Eindringen des Wassers zu verhindern. An dem Taucherhelm befinden sich runde Fenster, damit der Taucher herausschauen kann. Dem Taucher wird jetzt der Taucherhelm wieder auf den Kopf gesetzt. Vorläufig atmet er noch die irdische Luft ein, sobald aber dem Taucher die Verschlußschraube eingeschraubt wird, ist der Taucher von der Atmosphäre abgeschlossen und muß ihm durch die Taucherpumpe Luft zugeführt werden. Der Taucher wäre nun tauchfertig ausgerüstet, wäre aber noch nicht imstande, in die See hinunterzutauchen, weil er noch nicht die nötige Schwere besitzt. Um dieses zu bewerkstelligen, muß dem Tiefseetaucher das sogenannte Taucherherz umgehängt werden. Dieses Taucherherz hat ein Gewicht von dreißig Pfund; außerdem hat der Taucher noch an beiden Füßen die sogenannten Taucherschuhe aus Blei im Gewicht von achtzig Pfund, welche ebenso dazu bestimmt sind, die Schwere des Tauchers zu vermehren. Das hier ist der Luftschlauch, welcher dem Taucher die Luft aus der Pumpe zuführt, und das hier ist das Seil, an welchem der Tiefseetaucher in die grauenhafte Tiefe des Meeresgrundes hinabgelassen wird. Außerdem erhält der Taucher die elektrische Taucherlaterne, die ihm in angezündetem Zustande Licht gibt und auch unter Wasser brennt. Der Tiefseetaucher ist somit völlig ausgerüstet und die Vorstellung kann beginnen! – Also Zutritt, Zutritt, damit Sie sich einen schönen Platz sichern können!

Der Rekommandeur geht nun mit dem Taucher und den Musikanten in die Bude. Ihnen folgen verschiedene Personen, die vor der Bude die Rede mit angehört haben. Karl Valentin und Liesl Karlstadt treten auf. Vor der Bude sitzt nur noch die Kassierin.

KARLSTADT Da schaug her, Alter, der Taucher is aa wieder auf der Wiesn heraus, ah fein, da gehn ma eini, geh weiter!

VALENTIN Ah, mir gangst, des war net vui interessant, da geh i schon liaber zum Riesenmädchen, die hat solchene Haxn, da siehgst wenigstens was!

KARLSTADT I gib dir glei Haxn! Wennst Haxn sehgn willst, dann schaugst de mein o, des merkst dir!

VALENTIN Hab i koa Interesse.

KARLSTADT Wennst scho positiv a seltens Frauenzimmer sehgn willst, nacha gehn ma halt zur »Dame ohne Unterleib«.

VALENTIN Die hat ja koane Haxn net, gehn ma halt zum Riesenmädchen!

KARLSTADT Stad bist jetzt, jetzt gehn ma grad extra zum Taucher nei! Zahln dua i – gibs Geld her!

VALENTIN Ja du, hast ghört, wart ma halt, bis der Taucher wieder außer kimmt, dann schaugn man uns heraußen o – des war doch a Blödsinn, wenn ma neigeh datn.

KARLSTADT Dumms Mannsbild, dumms, herauß taucht er doch net unter.

VALENTIN Wo nacha?

KARLSTADT Ja drinna!

VALENTIN Wo drinna?

KARLSTADT Ja im Wasser!

VALENTIN Jaaa – is in dera Buda lauter Wasser drinna?

KARLSTADT Ja, wahrscheinlich!

VALENTIN Mir gangst! Na dersauf ma ja!

KARLSTADT Jetzt gehn ma amal nei – gib Obacht – da kommen vier Stufen, daß di net derfallst!

VALENTIN Ja, ja, kümmer di net um mi! *Er stolpert und schlägt mit der Nase auf eine Stufe.*

KARLSTADT Hab is net gsagt, mit dem Kletzenkopf kannst nirgends hingehn, höchstens ins Kasperltheater. *Sie zahlen an der Kasse und gehen in die Taucherbude.*

REKOMMANDEUR Sehr geehrte Damen und Herren! Sie sehen also einen Original-Tiefseetaucher in voller Ausrüstung. Wie ein Packträger auf dem Lande arbeitet, so arbeitet der Original-Tiefseetaucher auf dem Meeresgrunde. Damit dem Taucher das möglich wird, benötigt er eine Taucherausrüstung. Dieselbe besteht aus einem wasserdichten Gummianzug und zweitens aus dem Taucherhelm...

VALENTIN Sie, entschuldigens, kann der anstatt dem Taucherhelm an Wilhelm aa braucha?

REKOMMANDEUR Bitte, mich nicht zu unterbrechen! An dem Taucherhelm befinden sich runde Fenster, damit der Taucher herausschauen kann...

VALENTIN Wer schaut denn nacha nei?

REKOMMANDEUR Ja, der andere Taucher.

VALENTIN Ja, is im Meeresgrund noch a anderer Taucher drunt?

REKOMMANDEUR Nein, aber wenn halt grad einer drunten wär, daß der andere dann hineinschaun kann, ob da wirklich einer drinn ist.

VALENTIN Ja, was tut nacha der drinnere, wenn der draußere von herausen hineinschaut?

REKOMMANDEUR Dann schaut der raus, ob der andere wirklich hineinschaut.

VALENTIN Wenn aber der net neischaut?

REKOMMANDEUR Dann schaut der andere net raus.

VALENTIN Aha, des is ganz praktisch, in dem Fall bräuchten dann gar keine Fenster drinn sein.

REKOMMANDEUR Wie Sie sehen, meine Herrschaften, atmet der Taucher jetzt noch die irdische Luft ein. Sobald aber dem Taucher die Verschlußscheibe eingeschraubt wird, wie Sie hier sehen...

VALENTIN Na derstickt er?

REKOMMANDEUR Redns doch nicht so saudumm drein, der erstickt eben nicht, der kann nicht ersticken, weil ihm künstliche Luft zugeführt wird aus der komprimierten Luftflasche. Der Taucher ist nun tauchfähig und geht ins Wasser.

VALENTIN Aus Liebesgram?

REKOMMANDEUR Nein, er steigt in diesen tiefen Wasserbassin hinunter.

VALENTIN Ja, warum?

KARLSTADT Warum? Also du kannst saudumm fragn! Warum stehst denn du da?

VALENTIN Daß i an Taucher siehg.

KARLSTADT Na also!

REKOMMANDEUR Sie sehen, der Taucher ist jetzt unter Wasser und wird jetzt unter Wasser arbeiten.

VALENTIN Arbeitet der am Sonntag aa?

REKOMMANDEUR Aber nein, am Sonntag geht der Taucher in die

Kirche wie jeder andere Mensch auch.

VALENTIN In dem Tauchergwand?

REKOMMANDEUR Ich gebe nun dem Taucher eine leere Schiefertafel. Der Taucher wird unter dem Wasser etwas auf die Tafel
schreiben.

*Er zeigt die nasse Tafel. Der Taucher hat auf sie »Ich habe
großen Durst!« geschrieben.*

VALENTIN Im Wasser drinn hat er Durst?

REKOMMANDEUR Nun wird sich der Taucher unter Wasser
schneuzen, wozu er ein wasserdichtes Sacktuch benützt. Es
wäre natürlich unanständig, wenn ich Ihnen dieses gebrauchte
Taschentuch zeigen würde.

VALENTIN Ja, Sie – Herr Taucherbesitzer, wenn aber der Taucher
unterm Wasser hinaus muß?

KARLSTADT Der muaß doch net naus, drum hat er ja a wasser-
dichts Gwand o.

REKOMMANDEUR Sehen Sie jetzt, meine Herrschaften, genau hinunter in die Tiefe. Eben hat der Taucher unter Wasser mittels
einer Taucherlaterne Licht gemacht.

ALLE *lehnen sich über das Geländer* Wir sehn kein Licht!

REKOMMANDEUR Bitte die Herrschaften, sich nicht zu weit über
das Geländer zu beugen, damit das Geländer nicht bricht!

*Alle Zuschauer fallen in das Wasserbassin und plätschern
darin herum.*

REKOMMANDEUR Das war der Schluß unserer kleinen Vorstellung.

ER Barbara, da bleim ma jetzt steh – von da aus sehn mas Pfer-
   derennen am allaschönstn.

SIE Na, no besser tatn mas vom Bavariaberg aus sehn.

ER Red doch net, schaug doch nauf – is ja doch scho alles eine
   Menschenmasse, wost hinschaugst.

SIE Wann gehtns Rennen eigentlich o?

ER Punkt drei Uhr. 's hat ja so nur mehr zwoa Minutn. Jetzt
   werds bald kracha.

SIE I bin neigierig, wer da Letzte werd?!

ER Barbara, du bist scho a ganz spinnats Quax!* A jeder nor-
   male Mensch, der heut beim Rennen zuschaugt, is neigierig,
   wer heut der Erste werd. Du bist aufn Letztn scharf. Warum
   jetzt des?

SIE Ja mei, weil mi halt der so dabarmt, wenn a hint nachreitn
   muaß und koan erstn Preis kriagt.

ER Saudumms Gred! Na muaß er halt schaun, daß er der Erste
   werd, na braucht a net als Letzter hint nachreitn.

SIE Da Erste? Der Erste möcht doch jeder wern!

ER Natürlich möcht jeder der Erste wern! – Deshalb is ja doch
   a Rennen.

SIE Jaaa, aber wenn jeder der Erste werd, dann müaßt ja jeder
   an ersten Preis kriagn.

ER Na, wia ma nur so saudumm daherredn ko – a jeder konn
   doch net da Erste wern.

SIE Ja wenn aber die Pferd alle gleich schnell laffa datn?

ER Ja, um des handelt sichs doch beim Rennen, wos für a Pferd
   am schnellsten lauft; des is eben a alter Brauch beim Rennen,
   daß oana da Erste und oana da Letzte werd.

SIE Und die andern san zwischendrin?

ER Geh! Jetzt hätt i boid was gsagt.

* Gwachs (Gewächs)

SIE Was hättsn sagn wolln?

Ein Böllerschuß ertönt.

ER Jetzt hat da Böller kracht! Jetzt gehts o!

SIE Wo sannsn?

ER Wart halt. De wern glei kumma.

SIE Wer wird glei kemma?

ER *schreit sie an* D'Rennbuam! Halt jetzt amal dei Babbn!

SIE Kemma d'Pferdln aa?

ER *schreit sie noch besser an* Jaa! Die sitzn ja drobn auf die Rennbuam.

SIE Haltns des aus?

ER Wer?

SIE D'Rennbuam.

ER Was denn für Rennbuam? Du machst mi ganz narrisch – jetzt wart halt amal, bis s' kemma. *Pferdegetrappel.* Jetzt kemmas!!!

ZUSCHAUER Jetzt kemmas – Ah fein –

ER *aufgeregt, voll Begeisterung* Mei hänga die beinad – bravo, da Niedameier ziagt o ...

SIE Du Benedikt ...

ER Laß ma mei Ruah jetzt.

SIE Du Benedikt – moanst mir ham dahoam 's Gas zudraht?

ER Ja! Und dir drah i nachm Rennen d'Gurgl zua, daß endlich amal a Ruah werd.

SIE Horch nur, was in dera Budn drinn für a Spektakl los is – du, da gehn ma nei.

ER Da braucht ma doch net nei geh, den Spektakl hört ma doch heraus auch.

SIE Ja, aber sehn möcht ich doch, was da drin los is.

ER A Spektakl is los – an Spektakl sieht ma doch nicht, den hört ma doch nur.

SIE Des woaß i scho, aber i möcht doch segn, warum da so a Spektakl drin is, wer den Spektakl macht.

ER Sehr einfach, des hat uns doch der Willi erzählt, der war scho amal da herin. Da fährt a Frau, die Kitty aus Hamburg, mit einem Motorrad in einem großen Holzkäfig innen drinn umanand und drum schepperts da drinn so.

SIE Des muaß i segn. A Frau ko doch net so an Höllenlärm machen.

ER Sie macht koan Spektakl, aber ihr Motorradanpuff.

SIE Wo hat denn die Frau den Auspuff?

ER Frau Kitty hat keinen Auspuff, ihr Motorrad hat einen Auspuff, den sie unter der Fahrt auspuffen läßt.

SIE Des muaß i seng – kumm, geh ma nei, da is die Kasse, geh hi und hol zwei Billettn.

ER *singt* O selig, o selig ein Kind noch zu sein. O selig, o selig ein Kind noch zu sein.

SIE Ja spinnst du – anstatt daß er Billettn holt, stellt er sich vor die Kasse hin und singt: O selig, o selig ein Kind noch zu sein.

ER Stimmt doch – da lies, auf der Tafel steht neben der Kasse: Erwachsene eine Mark, Kinder die Hälfte.

SIE Ja, jetzt schick ma uns, daß ma über die Stiegn naufkemma, damit ma an schönen Platz kriagn.

ER So, jetzt san ma herobn, da schau in den Kessel hinunter, in dem Kessel fahrt die Frau mit dem Motorrad umanand.

SIE Ja, warum habns denn da a acht Meter hohe Bretterwand

drin rumgmacht?

ER Des is doch die steile Wand, auf der die Frau mit dem Motorrad drin rumfahrt.

SIE Schmarrn! Auf der steilen Wand kann doch niemand fahrn.

ER Des hat uns doch der Willi erzählt.

SIE Der spinnt ja, der war halt scho bsuffa und hat scho alls
verdraht gsehn.

ER Warten ma halt, bis es ogeht – schau nunter, jetzt kummt d'
Frau Kitty scho mit dem Motorrad rein, jetzt sitzt sie si nauf,
jetzt werds glei aufreibn. *Motorlärm.*

FRAU KITTY Los!

SIE Jessas Marand Josef – um Gottes willen – die fahrt wirklich auf der steilen Wand umanand. *Gellender Schrei.* Na,
alles was recht is! Na, na! Noch amal – noch mal – noch mal –
ja, die muß ja ganz damisch wern. Jessas, jetzt fahrts glei
freihändig aa noch – na, da kann ma gar nimmer zuaschaun.

ER Na, zuaschaun dua ma scho, wenn ma scho Eintritt zahlt
ham.

SIE Ja, wias nur net damisch wird von dem ewigen in dem Kreis
rum fahrn. Um keinen Preis der Welt bringet mi wer auf das
Motorrad da nauf.

ER Von dir werds auch niemand verlanga.

SIE *greller Schrei* Na, alles was recht is – jetzt wars mir bald
ins Gsicht neigfahrn, na, des is nichts für mei zartes Nerven-
system – da kriagt ma ja schon vom Zuschaun an Nerven-
schock.

ER Jetzt schaug abi, jetzt fahrt er aa noch mitm Motorradl ihr
nach, jetz wirds gfährlich.

SIE Na, na, na, des kann i net begreifn, wie man so einen Beruf
ergreifn kann.

ER Aber Respekt muaß ma schon vor der Frau habn, was die
für eine Schneid hat – da kann sich mancher Schneider dran a
Beispiel nehmen.

AUSRUFER Einsteigen! Einsteigen! In das Riesenradkarussell – eine amüsante Fahrt für jung und alt.

ER Barbara, da fahrn mer auch – des gibt a Gaudi.

SIE Wenns ma aber schlecht werd?

ER Ah, warum solls dir denn da schlecht wern? Des Karussell fahrt ja nur im Kreise rum – in der Straßenbahn wird dir ja aa nicht schlecht.

SIE Ja, in der Straßenbahn! D' Straßenbahn fahrt ja net im Kreis rum.

ER Freili! D' Ringlinie fahrt doch auch im Kreise rum.

SIE Ja, aber net in d' Höh nauf.

ER D' Ringlinie net, aber d' Neunzehner fahrt in d' Höh nauf, in d'Schwanthalerhöh.

SIE Na, i moan ja so wia des Karussell da.

ER Des kannst auch von der Straßenbahn net verlanga. Die braucht se net no im Kreis aa no rumdrahn – da werds eim scho schlecht bevors kimmt, wennst a halbe Stund an der Haltestelle drauf warten mußt.

SIE Also? Fahrn ma.

SCHAUSTELLER Hier: meine Herrschaften, in dieser Gondel hier sind noch zwei schöne Plätze frei, bitte Platz nehmen, zusammen eine Mark, bitte, danke. *Glockenzeichen, die Orgel spielt.*

SIE Geht scho in d' Höh nauf – is des a saudumms Gfühl – jetz gehts wieder – hi – nunter, da moant ma scho, an Mogn hebts oam raus.

ER Geht scho wieder in d' Höh nauf – is des a saudumms Gfühl.

SIE Jetzt gehts wieder hi – nunter.

ER Jetzt gehts wieder hinauf – wia beim Oberpollinger im Lift.

SIE Jetzt gehts wieder hinunter.

ER Jetzt gehts wieder hinauf.

SIE Jetzt gehts wieder ... du, mir werd schlecht.

ER Mach koane Gschichtn.

SIE Du mir is scho schlecht.

ER Mir nicht.

SIE Benedikt, i glaub ... wo soll ich denn ...

ER In dei Handtaschn nei, aber so daß niemand sieht.

SIE Da hab i ja mei ganz Sach drin unds Nachtessen.

ER Tus schnell raus.

SIE So viel Zeit hob i nimmer – wupp wupp.

ER So is recht.

SIE Wupp.

ER Barbara! Her auf! 's Tascherl is scho voll.

SIE Wupp! – Gib mir schnell dein Huat.

ER Halt! Net in mein Huat nei.

SIE Wupp!

ER Aber Barbara!

SIE Jetz is mer leichter.

ER Und mei Huat is schwerer worn.

SIE Mei Tascherl aa – mir werds scho wieder schlecht.

ER Aber Barbara! Sei doch vernünftig, sei tapfer, sei zurückhal-
tend – d' Karussellfahrt is bald zu Ende. *Glockenzeichen.*

SIE Gott sei Dank!

SCHAUSTELLER Alles aussteigen! Alles aussteigen!

SIE Einmal und nie nimmer!

ER Wo wird denn da die nächste Schuttabladestelle sein?

SIE Ich kann mich so ärgern, kein Vergnügen is einem vergönnt.

ER Ja, ja, so is es auf der Welt – die Welt dreht sich und das
Karussell dreht sich auch.

SIE Und mei Mogn auch – der hat sich glei ganz umdraht.

ER Schad um die schönen Sachen.

SIE I bin froh, daß es heraus is.

ER Na, i mein die Sachen im Tascherl.

SIE Jetzt wär halt a Schnaps recht.

ER Oder a Kognak.

SIE Oder a Steinhäger.

ER Oder a Kirschwasser – am besten wär halt a Alkohol.
SIE Oder a Dünnbier.
ER Pfui Deifi!

DER TAUCHER UND SEIN KIND

Die Tochter des Tauchers spricht. Im Hintergrund Oktoberfest-lärm.

Meine Damen und Herren! Sie sehen hier einen Tiefseetaucher in voller Ausrüstung. Er wird für Sie, meine Herrschaften, ein ungewohnter Anblick sein, in einer Schaubude einen Tiefseetaucher zu sehen. Aber die Not hat mich und meinen Vater dazu gezwungen, auf Reisen zu gehen. Mutter und ich begleiten den Vater, die Mutter dreht die Luftpumpe vor der Schaubude. Vater ist nun schon seit drei Jahren arbeitslos. Dadurch kam Vater auf die glückliche Idee, eine Schaubude zu schaffen. Da Mutter damit einverstanden war, gingen wir auf Reisen. Unser erstes Debüt war in München auf dem Oktoberfest. Die Presse sprach sich lobend aus über unsere wissenschaftliche Darstellung. Vater ist von Beruf Tiefseetaucher. In einem Zeitraum von fünfzehn Jahren war Vater 2755mal auf dem Meeresgrund. Von dem vielen Tauchen ist heute der Anzug noch feucht. Der Helm des Tauchers ist aus Messing und innen hohl, damit der Kopf darin Platz hat.

Der Taucherberuf ist sehr einträglich, Vater verdiente vor 1914 täglich 100 Mark. Der Taucherberuf war vor zehn Jahren überfüllt, jeder wollte Taucher werden, des hohen Verdienstes wegen. Es gab damals tatsächlich so viele Taucher wie Sand am Meere. Man sagt natürlich nur sprichwörtlich so, denn wenn man das richtig nehmen würde, hätte man keinen Sand mehr gesehen, weil überall Taucher darauf gestanden wären.

Hier am Helm sehen die Herrschaften runde Fenster; dieselben haben den Zweck, daß der Taucher von innen herausschauen kann. Hier vorne an Vaters Brust erblicken Sie das sogenannte Taucherherz. Dasselbe ist aus schwerem Blei und hat den Zweck, Vater in die Tiefe zu ziehen. Ohne dieses Herz – herzlos sozusagen – geht ein Taucher nie an die Arbeit.

Einmal hat ein Taucher seinen Leichtsinn mit dem bittern Tod büßen müssen. Obwohl auf dem Meeresgrunde das Rauchen verboten ist, wollte sich der Taucher eine Zigaretten anzünden, schraubt die Luftschraube heraus und im Nu quoll das Wasser ins Innere und er schied aus dem Leben. Als man ihn als Leiche heraufzog, war er bereits tot.

Als Vater jung war, waren ich und meine Geschwister noch Kinder. Mutter und Vater waren damals schon verlobt. Da hatte Vater den Schraubenschlüssel von seinem Helm im Meer verloren und konnte den Helm nicht abnehmen. Er mußte in voller Ausrüstung ins Bett gehen und konnte der Mutter nicht einmal einen Gutenachtkuß geben. Schwieriger als in allen anderen Meeren ist das Tauchen im Schwarzen Meer. Da braucht der Taucher schon am Tage die sogenannte Taucherlaterne. Das Schwarze Meer ist so schwarz wie Tinte, deshalb ist auch die Gefahr mit den Tintenfischen größer, weil diese dieselbe Farbe haben wie das Meer. Im Gelben Meer sind die Tintenfische gelblich und im Toten Meer tot und deshalb ungefährlich für den Vater.

Einmal war Vater in Lebensgefahr. Ein großer Tintenfisch schlang seine riesigen Fangarme, Polypen genannt, um seinen Körper. Ein Entrinnen aus dieser Lage war undenkbar. Aber Vater hatte in seiner Angst Geistesgegenwart, griff flugs nach einem gerade des Weges daherschwimmenden Sägefisch und sägte mit diesem Sägefisch dem Tintenfisch die Fangarme ab. Den Sägefisch, der ihm das Leben gerettet hatte, ließ er aus Dankbarkeit wieder schwimmen und tat ihm kein Leid an. – Als

Vater und Mutter jung verheiratet waren, war Mutter sehr eifersüchtig auf die Meerjungfrauen, auch Wassernixen genannt, die dem Vater gelegentlich am Meeresgrund begegnen könnten, wie das oft auf Bildern sichtbar ist. Vater versicherte aber der Mutter auf Ehrenwort, daß er leider noch nie eine Meerjungfrau gesehen hätte, genausowenig wie bei uns oben eine Ehrenjungfrau.

PETERSTURMMUSIK

Sonntag-Morgen-Stimmung, noch dunkel, allmählich heller werdend. 4 MUSIKANTEN *kommen nacheinander schwer schnaufend die Treppe herauf und betreten die Galerie des Turmes. Vogelgezwitscher.* DER ERSTE MUSIKER *kommt mit Laterne und Musikinstrument.*

1. MUSIKER Ich glaub, da bin i no z'früh komma, weil no koaner da is, no, is gscheiter, als wenn i z'spät komma wär. – Jetzt wart i auf die andern 3 und wenn dö net kemma, na geh ich auch wieder, na is vielleicht gar koaner mehr da. *Schnupft.*
2. MUSIKER *kommt* So, da wärn ma, bist aa scho da?
1. MUSIKER Dös siehgst ja.
2. MUSIKER Was siehgst?
1. MUSIKER I moa, dös siehgst ja, daß i da bin.
2. MUSIKER Bin neugierig, wo die andern bleiben?
1. MUSIKER Dö lassen sich Zeit.
2. MUSIKER Aba, da kimmt scho wieder oana dahergschnauft.
3. MUSIKER *kommt* Herrschaft sapprament, is dös a Steigerei bis da rauf, mit dö 2676 Staffeln, waar scho bald Zeit, daß uns der Magistrat an Lift reibaun lasset.
2. MUSIKER Dö brauchas zu was andern, dö müassn zsammsparn, daß im Jahr 2000 endlich amal die Lichtreklame ein-

führn könna, wie sichs für a fortschrittliche Stadt gehört.

1. MUSIKER Also, fang ma an.

2. MUSIKER Was willst denn anfangen, mir könna doch net zu dritt a Quartett blasn, zu an Quartett ghörn doch viere.

3. MUSIKER Was, viere is erst? Na san ma ja a Stünd z'früh dran.

1. MUSIKER Naa, i moan viere san ma – 4 Stuck Mann.

2. MUSIKER Woher – mir san doch erst zu dritt.

1. MUSIKER Naa, 3 san ma – viere wern ma erst, wenn der andere da ist.

3. MUSIKER *zählt* 1, 2, 3, ja, ja, da fehlt ja no oaner.

2. MUSIKER Ja, der is ja no net da.

1. MUSIKER No ja, drum müss ma no warten.

2. MUSIKER Also, dann wart ma halt auf eahm.

3. MUSIKER Auf wem?

2. MUSIKER No ja, aufn vierten.

1. MUSIKER Dös is 's gscheitere was ma toa kenna.

4. MUSIKER *kommt* Jetzt waar i bald z'spät kemma.

1. MUSIKER Du bist scho z'spät kemma.

2. MUSIKER Dös is er halt no von der Schul her gwohnt.

3. MUSIKER Bist in d' Schul aa scho mitn Bombardon ganga?

4. MUSIKER Na, mit der Schiefertafel.

3. MUSIKER Da hast ja net blasen könna damit.

4. MUSIKER Aber schreiben. Verschlafen hab i, weils ma mein Wecker pfändt ham, und auf mei Alte kann i mi net verlassen.

3. MUSIKER Warum net?

4. MUSIKER Weil s' selber no schlaft um halb 5 Uhr, und unterm Schlafen kann s' mi net aufwecken.

Turmuhr schlägt 5 Uhr.

1. MUSIKER Also, fang ma an – *haben während der Gespräche die Instrumente ausgepackt und Noten verteilt. Quartett. 1. und 2. Trompete, Althorn, Bombardon, spielen sehr schön* ›Tag des Herrn‹.

Nach Schluß des Liedes schaut einer nunter und sagt Da schauts nunter am Marienplatz, steht koa Mensch mehr drunt.

Vor 10 Jahren hat no alles gewimmelt vor lauter Leut und grad zuaghorcht ham s' und die Ohrwascheln ham 's gspitzt, wenn mir blasen ham – grad a Freud war's, wia s' so andächtig zughört ham.

2. MUSIKER Ja, die Zeiten ändern sich. Wie lang werds no dauern, na kündigt uns der Magistrat, denn an die schönen alten Volksbräuch hat koaner mehr ein Interesse.

3. MUSIKER Mir könna doch net da heroben Fußball spielen – oder uns mit dö Boxerfäustling anander 's Gsicht dahaun.

4. MUSIKER Naa, dös brauchts net, aber unser Repetoar wern mir halt noch ändern müssen, die schönen alten Lieder wolln s' nimmer hörn, na spieln ma halt die neuen Schlager ›Was macht der Meier am Himalaja?‹.

2. MUSIKER Da ham mir ja koane Notn dazua?

3. MUSIKER Zu dem Glump brauch ma doch koane Noten, dös könn ma im Schlaf auswendig blasen.
Alle blasen ›Was macht der Meier ...‹

2. MUSIKER Da schau nunter, dö Haufen Leut, dö drunten zsammglaffa sind, und tanzen teans mittn am Marienplatz, dö narrischen Gwachser – da blas ma halt no oans.
Alle blasen ›Valencia‹.

3. MUSIKER Siehgst, bei dem müss ma bleiben, dös gfallt eahna, und unsere alten schönen Volkslieder könn ma uns einsalzen.

1. MUSIKER *singt traurig*

> O, Du alter Petersturm,
> o Du grüner Isarstrand,
> is denn dös mei Münchner Stadt,
> dort, wo meine Wiege stand?
> Von der Gmüatlichkeit koa Spur,
> wo man hinschaut, sieht ma nur
> andre Gsichter, andere Leut,
>
> Pfüat Di Gott – Du alte Zeit.

DER BILLIGE JAKOB

Verkaufsstand mit großem Schirm.
Melodie: Ich bin eine Witwe, eine kleine Witwe.

As G'schäft geht heut flau da heraus auf der Dult. Wenn dös
lang so furt geht, dann wer i no wuid. Beim billigen Jakob,
da steh'ns alle rum, aber kaffa teans nix'n, bloß schaung recht
saudumm? *zeigend* A Wetzstoa, a Sofa, a feins Briefpapier, a
Goldbronz, an Huatlack, a prima Stiefelschmier, dös alles a
Mark heut – wer kriagt's jetzt noamal? *lang warten* naa –
so a schlechter G'schäftsgang! Dös is wirkli a Skandal!
  Naa – i tua's enk glei schenka –
  Dös – dös könnt's Euch denka! –
  I muaß's ja aa kaffa, i hab aa mei War net g'stohl'n!
  D'Leut san grad wia Affen,
  Kaffa nix, nur gaffen!
  's ganze G'schäft dös soll von mir aus glei der Teufi hol'n.
Naa naa, d'Leut ham wirkli gar koan Charakter mehr im Geld-
beutel drin! – A so an Haufa Sach um a Markl!!!? – Wenn
Euch dös aa no z'teuer is? – Ja – a Schlafzimmereinrichtung
mit an goldenen Himmelbett kann i Euch net geb'n um a
Markl! – Aber Leut, i kann's Euch net für Übel nehmen –
alles is so teuer, jetzt geht's amal her – jetzt wer i Euch zoag'n,
daß i aa was für meine Mitmenschen tua! – Paßt's auf, Leut,
was i Euch alles mitbracht hab! –
Kinder, druckt's Euch net so her – geht's auf d'Seit'n, daß die
großen Leut auch was seh'n! –
Leut, schaut's her, – da hab ich das Universalwaschpulver ›Fix
– Fix‹! Die Hausmuatta hat große Wasch dahoam, sie ziagt
sich an, geht zum Kramer oder in eine Drogerie und kauft um
5 Mark a Kernsoafa, a Persil, a Wasserglas, an Borax – geht
mit dem G'lump hoam, fangt's Waschen an und siehe da – die
ganzen Waschmittel san viel z'wenig – hint' und vorn g'langt's

net! Die Hausmuatta tuat aus der Schatull'n no amal zwei Mark 'raus und fangt no amal 's Einkauf'n an! – Das teure Geld und die ganze Lauferei hätt' sich die Hausmutter erspart, wenn sie sich bei mir a Packl Universalwaschpulver ›Fix‹ um eine Mark mitg'nomma hätt'. Es ist konstatiert und von Sachverständigen nachg'wiesen wor'n, daß man mit einem einzigen Packerl Universalwaschpulver ›Fix-Fix‹ sämtliche Sacktücher vom ganzen Deutschen Reich waschen kann. Damit Sie aber nicht meinen, ich mach Ihnen da ein Larifari vor, werde ich Ihnen eine kleine Probe von der frappanten Wirkung des Universalwaschpulvers F.F. vor Augen führen. Vielleicht ist einer von den Herrschaften so freundlich und gibt mir ein recht dreckates Taschentuch *Bekannter gibt eines her* – dös is recht – so oans hab i woll'n. Seht's, Leute, man nimmt das Taschentuch, woacht es ein, fügt dem Wasser etwas von dem Universalpulver ›Fix-Fix‹ zu, rüppelt das Taschentuch mit zwei Fingerspitzen hin und her – und das Taschentuch ist gereinigt. – So, schöna Herr, da hab'ns Eahna Taschentuch wieder z'ruck.

Dös war ja nur ein kleines Beispiel, meine Herrschaften! – Sie können aber mit dem Universalpulver ›Fix-Fix‹ nicht bloß Taschentücher, sondern alles Erdenkliche reinigen, wie z. B. die Betten, die Vorhänge, das Geschirr, den Fußboden, den Hof, das Klosett, den Keller, den Speicher usw. Wenn man in das Innere eines Menschen hineinkönnte, könnten Sie sich damit sogar Ihre schmutzige Seele reinigen. – Also greifen Sie zu, meine Herrschaften – für dieses Waschpulver ›Fix-Fix‹, für das Sie in jedem Bamberlgeschäft 8–10 Mark hinlegen müssen, zahlen Sie bei mir heute – sage und schreibe – den kindischen Preis von 1 Mark. Wer will's jetzt noch amal haben?? Dazu bekommen Sie noch den preisgekrönten F a m i - l i e n z a h n s t o c h e r aus Aluminium-Stahl. Jahrelang haben Sie die unpraktischen Holzzahnstocher um's teure Geld gekauft – oder in einer Wirtschaft mitgehen lassen! – Das haben Sie aber alles nicht mehr nötig, wenn Sie im Besitze eines

Aluminiumzahnstochers sind – denn dieser Zahnstocher ist zu gebrauchen von Mann, Weib und Kind. – Er paßt für alle Zähne – er paßt für alt und jung. – Er paßt für jede Speise! – Und Sie haben damit nur eine einmalige Ausgabe, denn dieser Aluminiumzahnstocher nützt sich im Gebrauch überhaupts nie ab, und selbst wenn er von einer zwölfköpfigen Familie tagtäglich benützt wird. Dann hab ich aber gleich wieder was anders! – das patentierte Wunderpapier ›Perplex‹.

Die vielseitige Verwendbarkeit des ›W. P.‹ ist epochemachend und hat seit kurzer Zeit die Welt in Staunen versetzt. Ich werde Euch jetzt die praktischen Vorzüge des ›W. P.‹ darlegen, net, daß, wenn Ihr Euch das Papier kauft's und wenn's ös dahoam auspackt's, kennt Ihr Euch net aus – oder wia ma sagt, ös steht's dann da wia's Kind vorm Dreck. Nicht, daß Ihr das ›W. P.‹ nur allein zum Schreiben verwenden könnt's, nein, das ›W. P.‹ dient Euch auch als Hausmittel – und ebenso als Heilmittel.

Sagen wir, der Großvater dahoam tuat Holz hacken und haut sich, weil er a Rindviech ist, mit'n Hackl auf'n Finger 'nauf und 's Unglück ist ferti; die Wunde klafft, der Schmerz tut weh, der Großvater nimmt sein ›W. P.‹, reißt ein Stück herunter, streckt die Zunge raus, schleckt es ab und pappt es auf die Unglücksstelle – und siehe – die Wunden sind verschwunden.

Oder die Mutter hat sich beim Milchholen erkältet, sie hat einen rauhen Hals bekommen, sie nimmt das ›W. P.‹, macht sich davon ein paar Kügelchen, gurgelt sich damit, und in einigen Monaten ist das Leiden verschwunden. Oder sagen wir, die Tochter hat im Antlitz direkt unter der Nase einen kleinen Schönheitsfehler zu verzeichnen – ein sogenanntes Wimmerl, nicht zu verwechseln mit Wammerl, des möcht a jeder gern unter der Nase hab'n. Sie nimmt ein Stückchen ›W. P.‹, klebt sich dasselbe auf die betreffende Stelle, und das Wimmerl ist im Nu verdeckt.

Oder sagen wir, dem Vater ist der Hut zu groß geworden, er

nimmt ein paar Blätter vom ›W. P.‹, rollt dieselben kunstgerecht zusammen, draht sie in den Hut hinein, und der Hut sitzt wieder wie ein neuer.

Oder Sie machen einen Ausflug. Die Sonne brennt herunter, man hat keinen Sonnenschirm dabei und die Augen tun weh. Man greift in die Tasche, nimmt ein Blatt ›W. P.‹, macht sich einen provisorischen Augenschirm, und die Wirkung der Sonnenstrahlen ist gebrochen und ist zugleich auch das Auftauchen von Sommersprossen aus der Welt geschafft.

Oder Sie sind gezwungen, mittags um 11 Uhr über den Marienplatz zu gehen, Sie machen sich aus dem ›W. P.‹ zwei Papierstopseln – stecken den einen rechts, den andern in's linke Ohr – und Sie hören das Glockenspiel am Rathausturm nicht.

Oder bei naßkalter Witterung ist ein Katarrh unausbleiblich. Das Taschentuch ist patschnaß überfüllt – man hat sein ›W. P.‹ in der Tasche – dreht sich einige Pfropfen – und verstopft sich damit die tröpfelnden Nasenlöcher. – *Schutzmann kommt.* – Ein anderer hat eine böse Schwiegermutter zuhause, die schimpft den ganzen Tag, die schimpft die ganze Nacht. – Er weiß sich nicht mehr zu helfen, er kennt sich nicht mehr aus – er nimmt das Wunderpapier ›Perplex‹, macht davon einen Knaul, stopft ihn der bösen Schwiegermutter ins Maul – die kann nichts mehr sagen! – weil's nicht mehr reden kann!!! – Ah – der Herr Schutzmann kommt – also nehmen S' Ihnen nur gleich was mit – Ihre Frau hat die größte Freud damit.

SCHUTZMANN Wer hat Ihnen erlaubt, daß Sie da verkaufen dürfen, Sie wissen doch ganz genau, daß Sie hier Ihren Stand nicht aufstellen dürfen, – dös können S' drauß' auf der Dult machen, aber nicht hier.

FRAU Was woll'n S' denn?? Mir leid's ja kein Warenhaus, ich bin auf das Standl da angewiesen, tean S' ma fei' ja net mei' G'schäft vermasseln.

SCHUTZMANN Also räumen Sie sofort Ihren Stand hier weg, oder ich schreib Sie auf.

FRAU Das ist mir gleich, jetzt bin ich schon so oft aufgeschrieben worden, jetzt geht's auf das Einemal auch nicht drauf z'samm, aber weggehen tu ich nicht.

SCHUTZMANN Sie heißen??

FRAU Fanny!

SCHUTZMANN Wie noch??

FRAU Hichinger!

SCHUTZMANN Geboren?

FRAU Natürlich!

SCHUTZMANN Wo Sie geboren sind?

FRAU In der Bettstatt!

SCHUTZMANN Also vorwärts, wo sind Sie geboren?

FRAU In Haidhausen!

SCHUTZMANN Straße?

FRAU Landsberger Straße!

SCHUTZMANN Nummero? – Ja, schneller – meinen Sie, ich hab so lang Zeit, ich muß heut noch mehr aufschreiben! – Also diktieren Sie mir schneller!

FRAU Was? Schneller? – So schnell könna ja Sie gar net schreiben wie ich reden kann!

SCHUTZMANN Das wär traurig! – Also schneller! – Sie heißen??

FRAU Ich heiße Fanny Hichinger, geboren den 22. Januar 1898 zu München, Landsberger Straße 17/4 Rückgebäude II. Aufgang, bei Frau Katharina Reitmoser, Taglöhnersgattin aus Geiselgasteig.

SCHUTZMANN Halt, halt, nicht so schnell, da komm ich ja nicht mehr mit.

FRAU Ich hab's Ihnen doch gleich g'sagt, daß Sie net so schnell schreiben können, wie ich reden kann, – überhaupt, meinen Sie, von Ihnen laß ich mir mei' Geschäft vermasseln, wenn ich schon nichts verkaufen darf, dann nimmst as, das ganze Graffl, – da hast as!!! *wirft ihm alle Schachteln 'nauf* – und das alles zusammen a u c h eine Mark!!!

*Die Bühne ist leer und unaufgeräumt. Ein grauer Samtvorhang
schließt sie nach hinten ab, vor dem ein paar Versatzstücke her-
umstehen. Alles, was gebraucht wird, bringen die beiden Clowns
und der Bühnenmeister während des Spieles auf die Szene.*

KARL VALENTIN *ist als musikalischer Clown geschminkt. Er hat
einen riesigen, haarlosen, weißen Schädel, aus dem der blutrote
Mund melancholisch herausleuchtet. Eine große schwarze Hornbrille ohne Gläser sitzt auf seiner traurigen dunkelroten Nase.
Die dünnen Beine stecken in langen, enganliegenden Trikots,
seine bunte Phantasiejacke wird oben durch eine steife, breite,
weiße Halskrause oder eine überdimensionale gestärkte weiße
Schleife abgeschlossen. Sein Clownhut, manchmal ein schwarzer
Halbzylinder, dessen völlig flacher Rand tief in die Stirn gezogen ist, manchmal eine abgeschnittene »Kreissäge« mit ganz
schmaler Krempe, paßt ihm schlecht, er rückt ihn fortwährend
unbeholfen zurecht, wobei man fühlt, daß auch seine halben
weißen Zwirnhandschuhe die Hände offenbar behindern. Oft
hat er über die helle Weste eine gewaltige Uhrkette mit riesigen
Gliedern von einem Gilettascherl zum andern gezogen, die Füße
stecken in riesigen Gummischuhen.*

LIESL KARLSTADT *hat sich in schlotternde weiße Hosen gesteckt,
unter denen nur ihre gewürfelten Filzschuhe hervorschauen. Sie
trägt ein glitzerndes Bolerojäckchen und gleichfalls eine große
weiße gestärkte Halskrause und ein lustiges Clownhütchen, auch
sie ist kreideweiß geschminkt – ein wenig auf die Maske der
Mickymaus –, und trägt weiße Handschuhe. Alles an ihr atmet
Lustigkeit und Verschmitztheit. Lange weiße Spitzenmanschet-
ten fallen aus den enganliegenden Trikotärmeln ihres goldbe-
stickten bunten Samtjäckchens auf die Handrücken.*

DER HERR DIREKTOR *erscheint im dunklen Straßenanzug.*

DER BÜHNENMEISTER *im flatternden weißen hochgeschlossenen
Arbeitskittel, unter dem seine offene Weste und ein dunkelwei-*

ßes Hemd hervorschauen.

Karl Valentin kommt fertig als Clown geschminkt und kostü-
miert auf die Bühne und wartet.

DER HERR DIREKTOR *kommt von der anderen Seite* Sie, machen
Sie sofort, daß Sie wegkommen! Was wollen Sie denn hier?

KARL VALENTIN Ich wart bloß auf meinen Freund.

DER HERR DIREKTOR Das geht nicht, da müssen Sie gehn!

KARL VALENTIN Ich hab mich mit meinem Freund zusammenbestellt, Ecke Schwanefelder- und Senetalerstraße.

DER HERR DIREKTOR Ja, das ist da draußen, aber nicht hier, das
ist doch die Bühne.

KARL VALENTIN Ja, da haben wir uns zusammenbestellt.

DER HERR DIREKTOR Also, das geht auf keinen Fall, es kommt
nun gleich die nächste Nummer, da können Sie nicht warten,
da müssen Sie da naus gehn.

KARL VALENTIN Dann bitte sagen Sie meinem Freund, ich war
da, und bin wieder fortgegangen.

DER HERR DIREKTOR Ist schon recht, ich werde sagen ...

KARL VALENTIN Grüß Gott! *Valentin geht ab. Der Direktor will*
nun auch gehen.

Liesl Karlstadt tritt fertig im Clownkostüm auf. Sie wartet.

DER HERR DIREKTOR Ja, Sie, was wollen denn S i e hier?

LIESL KARLSTADT Ich wart bloß auf meinen Freund.

DER HERR DIREKTOR Das geht hier nicht, da können Sie nicht
warten.

LIESL KARLSTADT Mein Freund und ich haben uns nämlich zusammenbestellt Ecke Schwanefelder- und Senetalerstraße.

DER HERR DIREKTOR Das ist aber draußen auf der Straße, nicht
hier auf der Bühne.

LIESL KARLSTADT Nun, wir haben ausgemacht da herin, denn
draußen bei dem Sauwetter, da tröpfelt's immer.

DER HERR DIREKTOR Also das geht mich nichts an, verlassen Sie
die Bühne.

LIESL KARLSTADT Bitte, wenn aber mein Freund kommt, dann sagen Sie einen schönen Gruß von mir, und ich war schon da.

DER HERR DIREKTOR Ja, Ihr Freund war schon da.

LIESL KARLSTADT Wie, der war schon da?

DER HERR DIREKTOR Gerade im Moment ...

LIESL KARLSTADT So, der war schon da, wo ist er denn hingegangen?

DER HERR DIREKTOR Da hinaus.

LIESL KARLSTADT So, der w a r schon da? Ja, was ist denn jetzt des? *Sie geht eilig ab.*
Karl Valentin kommt wieder.

DER HERR DIREKTOR Sie, nun sind Sie schon wieder da!

KARL VALENTIN Ich möchte fragen, ob mein Freund schon da war?

DER HERR DIREKTOR Der war eben hier, der ist da hinausgegangen.

KARL VALENTIN Da bin ich ja hereingekommen, da müssen wir wahrscheinlich aneinander vorbeigegangen sein. – Nun werd ich ihn schon finden. *Er geht ab.*
Liesl Karlstadt kommt wieder herein.

DER HERR DIREKTOR Was wollen Sie denn schon wieder hier?

LIESL KARLSTADT Ja, Sie haben gesagt, mein Freund wär da draußen, ist ja gar nicht wahr.

DER HERR DIREKTOR Der war eben wieder herin.

LIESL KARLSTADT Ah, drum war er nicht drauß.

DER HERR DIREKTOR Jetzt ist er aber drauß.

LIESL KARLSTADT So, dann werd ich ihn schon finden. *Sie will abgehen, stößt aber sogleich mit dem wieder auftretenden Karl Valentin zusammen. Sie geben sich beide die Hand und bleiben Hand in Hand eine ganze Weile stehen, ohne etwas zu sagen. Dann*

BEIDE *zugleich* Wie geht's Ihnen denn immer? *Sie machen wiederum eine Pause, dann wieder beide zugleich* O danke gut!
Sie schweigen abermals. Endlich sagt

LIESL KARLSTADT Jetzt haben wir uns schon lange nicht mehr gesehen.

KARL VALENTIN So, so!

LIESL KARLSTADT Da kann man nichts machen!

KARL VALENTIN Das hab ich auch schon einmal g'habt ...

LIESL KARLSTADT Sie, ich hätte eine kleine Bitte an Sie, kann ich Sie einen Moment sprechen?

KARL VALENTIN Bitte.

LIESL KARLSTADT Ich möchte Ihnen was sagen, sind S' nicht beleidigt?

KARL VALENTIN Durchaus nicht, da haben Sie meine Hand.

LIESL KARLSTADT Um die handelt sich's nämlich ... Ich möcht Sie nur ersuchen, ob Sie meine Hand nicht wieder auslassen möchten, die haben Sie noch vom Grüß-Gott-Sagen in der Hand gehabt ... *Dann gehen sie beide zur Rampe vor.*

KARL VALENTIN Liebe Zuhorcherinnen und Zuhorcher! Wir erlauben uns, anläßlich aus unläßlich des Umzuges des Einzuges ...

LIESL KARLSTADT Geh, was reden S' denn da für an Schmarrn zam!

KARL VALENTIN Ja, i werd wohl wissen, was ich red!

LIESL KARLSTADT Ja, einen Mist reden S' zam!

KARL VALENTIN Wir erlauben uns, hinlänglich des Einzuges Kaiser Ludwigs des Bayern in München im Jahre 1312 ...

LIESL KARLSTADT hinlänglich – a n l ä ß i g des Einzuges heißt's doch!

KARL VALENTIN Anläßig – anläßlich heißt's – Wir erlauben uns, anzüglich des Umzuges – einzüglich des Auszu ...

LIESL KARLSTADT Geh – geh – geh – anläßlich des Einzuges heißt's!

KARL VALENTIN Ich hab doch g'sagt: hinläßlich des Abzuges! – Sie machen mich ganz wirr, – wo ich so ein, so schon einer sind – bist – bin – will ich sagen. – Wir erlauben Ihnen ...

LIESL KARLSTADT Was?

KARL VALENTIN Wir erlauben u n s , umständlich, ah anständig ...

LIESL KARLSTADT anläßlich ...

KARL VALENTIN anläßlich des Umstandes ...

LIESL KARLSTADT des Einzuges –

KARL VALENTIN des Einzuges Kaiser Nepomuks ...

LIESL KARLSTADT Nicht Nepomuk – Kaiser Ludwig –

KARL VALENTIN Kaiser Ludwigs in München zum Sendlinger-platztor ...

LIESL KARLSTADT Isartor!

KARL VALENTIN ... Isartor, im Jahre 1940 ...

LIESL KARLSTADT Lassen S' mich reden! – Also dann reden Sie!

KARL VALENTIN Anläßlich des Einzuges Kaiser Ludwigs des Bayern zum Isartor im Jahre 1312 gestatten wir uns nachträglich noch ein Duett zu blasen auf zwei Trompeten, ein sogenanntes halbes Quartett! Wir beginnen mit dem Anfang! *Beide blasen die erste Stimme* Halt! Jetzt ham mir alle zwei die erste Stimme geblasen; bei einem Duett muß doch einer die erste und der andere die zweite Stimme blasen.

LIESL KARLSTADT Das ist doch klar – das hätten S' aber vorher schon wissen können! *Beide blasen die zweite Stimme, hören wieder auf* Jetzt blast er auch die zweite!

KARL VALENTIN Ja, ich hab doch ausdrücklich g'sagt: einer die erste und der andere die zweite!

LIESL KARLSTADT Das ist ja recht, und da hab ich den einen g'macht.

KARL VALENTIN Den einen hab ich gemacht; Sie hätten den andern machen soll'n! – Mir ist's gleich. Ich kann die erste und die zweite blasen.

LIESL KARLSTADT Ja – dann kann ich ja heimgehen; dann brauchen S' mich ja überhaupt nicht mehr!

KARL VALENTIN Nein! – ich mein so: ich kann die erste – und kann aber auch die zweite blasen!

LIESL KARLSTADT Das ist eben bei mir leider auch der Fall.

KARL VALENTIN Dann sind S' doch froh!

LIESL KARLSTADT Ja – also, was wollen S' denn jetzt für eine blasen?

KARL VALENTIN Ach, wissen S' was? Blas ma gar nicht! Oder blasen Sie die erste und ich die zweite – oder umgekehrt!

LIESL KARLSTADT Oder machen wir's so, wie Sie woll'n!

KARL VALENTIN Ja – so geht's auch! Ja – wie woll'n Sie?

LIESL KARLSTADT Wissen Sie was? Sie blasen jetzt die zweite, dann brauch ich nur mehr die erste blasen!

KARL VALENTIN Ja, so mach ma's!

LIESL KARLSTADT Können Sie sich's merken?

KARL VALENTIN Nein – merken kann ich mir gar nichts –, da kann ich eher noch blasen.

LIESL KARLSTADT Da brauchen Sie sich auch gar nichts merken. Sie blasen einfach die zweite Stimme, und das, was ich tu, das geht Sie gar nichts an.

KARL VALENTIN So – dann geht Sie das auch nichts an, was ich tu, merken Sie sich's! *Beide blasen falsche Töne.*

DER HERR DIREKTOR *kommt auf die Bühne gestürzt* Hören S' doch auf, das ist ja ganz falsch!

KARL VALENTIN Das hörn wir schon selber! Mischen S' Ihnen nicht in andere Leut nein, mischen Sie sich lieber in sich selbst nein! Sie sind der Allerjüngste, schämen Sie sich, daß S' noch so jung sind!

DER HERR DIREKTOR Ham Sie denn keine Noten?

KARL VALENTIN Freilich, aber nach Noten können wir doch nicht auswendig blasen!

DER HERR DIREKTOR Das braucht es auch gar nicht; nehmen Sie doch Noten! *Beide blasen das Stück zweistimmig vollkommen falsch.* Furchtbar!

KARL VALENTIN Is guat, daß das der Kaiser Ludwig damals nicht gehört hat!

DER HERR DIREKTOR Nein, das dulde ich nicht! Jetzt spielen Sie einmal nach Noten. *Beide nehmen ihre Noten, Karl Valentin ein kleines, Liesl Karlstadt ein riesengroßes Notenbuch aus Pappe, worin die Notenköpfe übergroß gemalt sind, so daß die Zuschauer die Noten gut erkennen können.*

LIESL KARLSTADT *kann das große Buch nicht halten und sagt zu Karl Valentin* Da müssen Sie mir schon helfen.
Karl Valentin nimmt das Buch in der Mitte, zwickt sich damit in den Finger, nimmt es dann an der Ecke, Liesl Karlstadt ergreift es an der anderen Seite, dabei blasen beide unausgesetzt den gleichen leeren Ton in ihre Instrumente.

LIESL KARLSTADT Ja, Sie blasen ja nur immer einen einzigen Ton.

KARL VALENTIN Ich kann ja nicht mehr blasen, weil ich nicht auf die Klapperln hindrücken kann.

LIESL KARLSTADT Warum können S' denn auf einmal nicht mehr hindrücken?

KARL VALENTIN Weil ich 's Buch in der Hand hab. *Er läßt das Buch los, es fällt Liesl Karlstadt auf den Fuß.*

LIESL KARLSTADT Au, au!

KARL VALENTIN Ich hab eine andere Idee, schaun S' her: Ich häng Ihnen mein Buch da hinten nauf und Sie hängen Ihr Buch ihm nauf. *Dabei zeigt er auf sich selbst* Mir!

LIESL KARLSTADT Ah, Sie meinen wahrscheinlich so, daß einer dem andern hint neinschauen kann. *Beide hängen sich die Noten gegenseitig auf den Rücken, Liesl Karlstadt trägt ein ganz kleines Notenblatt, Karl Valentin ein riesengroßes auf Pappe aufgeklebtes, das ihm weit über die Schultern hinausragt. Alle beide Clowns laufen im Kreis umeinander herum und versuchen zu blasen; dabei bemerken sie, daß immer nur einer blasen kann.*

KARL VALENTIN Da müssen Sie vor mir stehen.

LIESL KARLSTADT *stellt sich vor ihm auf* Ja, jetzt is falsch, S i e müssen vor mir stehn, sonst kann ich Ihnen ja nicht da hinten neinschaun.

KARL VALENTIN Ja so, da war ich jetzt im Irrtum. Jetzt is wieder nix. Wia kommt jetzt des? Des müßt scho gehn, aber des geht net.

DER BÜHNENMEISTER *kommt herein* Jetzt möcht ich bloß wissen, wie lange Sie den Blödsinn noch machen wollen; glauben Sie vielleicht, das Publikum schaut Ihnen noch lange zu?

KARL VALENTIN Die solln halt wegschaun, wegen dem Publikum machen wir des auch gar nicht, das machen wir bloß für uns zwei und fünftens ist das kein Blödsinn! Wir wollten was machen, wir haben zwei Instrumente, zwei Notenbücher, wir sind zu zweit und können uns doch gegenseitig hinten net neinschaun. Wie kommt das?

DER BÜHNENMEISTER Wissen Sie, was Sie brauchen? Notenständer!

KARL VALENTIN Wir haben aber keine.

DER BÜHNENMEISTER Aber ich hab welche.

LIESL KARLSTADT Ja, geben S' uns a paar.

DER BÜHNENMEISTER Sie können dann gleich ein paar haben von mir.

LIESL KARLSTADT Dann teilen wirs zusammen. Jetzt können Sie das Buch wieder runtertun, wenn der Notenständer bringt. Es hat Sie so nicht gut gekleidet, da ham S' ausgschaut wia a Segelflugzeug!

DER BÜHNENMEISTER *bringt einen ganz großen und einen ganz kleinen Notenständer* So, da haben Sie einen und da Sie.

Karl Valentin nimmt den großen Ständer, sein kleines Notenbüchlein fällt immer durch. Liesl Karlstadt nimmt den kleinen Ständer, aber das große Buch hat nicht Platz und der Ständer fällt immer damit um.

DER BÜHNENMEISTER So geht das freilich nicht. Tauschen Sie doch die Ständer.

Karl Valentin und Liesl Karlstadt tauschen ihre Notenständer, indem Karl Valentin sich vor Liesl Karlstadts Notenständer stellt. Da sie aber nur die Plätze gewechselt haben, hat jetzt Karl Valentin den kleinen Notenständer mit dem großen Notenbuch, der immer umfällt, und Liesl Karlstadt den großen Notenständer mit dem kleinen Notenbuch, das immer durchfällt.

DER BÜHNENMEISTER Jetzt geht's ja wieder nicht! Ich hab doch gesagt, daß Sie tauschen sollen!

LIESL KARLSTADT Das haben wir doch getan!

DER BÜHNENMEISTER *zu Liesl Karlstadt* Sie haben das große Notenbuch, da nehmen Sie doch den großen Notenständer. *Zu Karl Valentin* Sie haben das kleine Notenbuch, Sie nehmen den kleinen Notenständer!

KARL VALENTIN Das ist doch klar, da wären mir aber selber auch draufkommen, da hätt ma Sie net braucht dazua. *Der Bühnenmeister geht achselzuckend ab.*

Liesl Karlstadt kann das schwere Buch nicht auf den hohen Stän-

der hinaufbringen. Sie setzt mehrmals an, läßt es aber immer
wieder sinken.

KARL VALENTIN *hilft ihr nicht, sondern steckt die Hände in die*
Hosentaschen und sagt über die Schulter Da werden S' Ihna
aber schwer tun mit dem Buch.

LIESL KARLSTADT *ächzend* Natürlich, wenn nur wenigstens einer
da wäre, der mir helfen täte.

KARL VALENTIN *schaut sich mit langem Hals auf der ganzen Büh-*
ne um, ohne sich vom Platz zu rühren Es ist schon niemand
da auch.

LIESL KARLSTADT *macht eine letzte gewaltige Anstrengung, und es*
gelingt ihr schließlich mit zitternden Knien, ihre schweren No-
ten auf den hohen Ständer hinaufzuwuchten. Völlig außer
Atem haucht sie Dank schön!

KARL VALENTIN *hat mit den Händen in den Hosentaschen inter-*
essiert zugeschaut, ohne sich zu rühren, und sagt nun gönner-
haft Bitte, bitte!

Nun wollen beide blasen. Liesl Karlstadt hebt ihr Instrument
steil nach oben, um die Noten auf ihrem hohen Notenständer
lesen zu können, dabei fällt ihr ihr Clownhütchen immer wie-
der hinten herunter, sie hebt es auf und versucht es von neuem
mit dem gleichen Erfolg. Karl Valentin aber muß sich zum Bla-
sen nach vorn bücken, um auf seinen kleinen Notenständer
hinunterzuschauen. Dabei fällt ihm sein Hut ebenso nach vorn
herunter. Auch ihm gelingt es nicht, mit aufgesetztem Hut sein
Blasen zu beginnen.

KARL VALENTIN Sie, das geht nicht, der Notenständer ist für mich
zu nieder, wenn ich da blas, fällt mir immer der Hut vorn hinunter.

LIESL KARLSTADT Bei mir ist's grad das Gegenteil, wenn ich da
hinauf schaue, dann fällt mir der Hut immer hinten nunter,
und außerdem ist's bei mir dazu noch furchtbar unappetitlich,
denn mir läuft der Saft aus dem Mundstück immer gleich liter-
weis ins Mäu nei, wenn i 's Instrument so hoch hebn muß.
Möchten Sie nicht daher gehen und mit mir den Platz tau-

schen? *Sie geht zu Karl Valentins kleinem Notenständer und setzt sich davor auf den Fußboden. Karl Valentin macht es ihr nach, geht zu ihrem großen Notenständer und setzt sich am Fuß desselben ebenfalls hin. Er schaut wehmütig steil auf die Noten in die Höhe, die er nun erst recht nicht erreichen kann. Der Bühnenmeister holt die beiden Notenständer schimpfend von der Bühne.*

BEIDE *schauen ihm traurig nach und sagen zugleich* Jetzt ham ma gar nix mehr, der hats uns nur leihweise geliehen. *Sie stehen auf und klopfen sich den Staub von den Hosen. Der Bühnenmeister kommt zurück, er bringt einen doppelseitigen großen Notenständer, Karl Valentin und Liesl Karlstadt legen jeder auf seiner Seite ihre Noten darauf und beginnen zu blasen. Kaum haben sie angefangen, so wird der Notenständer immer länger, sie steigen auf den Stuhl, um ihn einzuholen, indem sie immer weiterblasen, aber der Notenständer geht immer mehr in die Höhe, so daß sie die Noten nicht mehr lesen können, sie lassen die Instrumente resigniert sinken.*

KARL VALENTIN *schreit in das begleitende Orchester zum Kapellmeister hinunter, der immer weiterspielt* So hörn S' doch auf, sehen S' denn net, daß er wachst?

KARL VALENTIN *und* LIESL KARLSTADT *beklagen sich von den Stühlen herunter beim Publikum* Haben Sie das gesehen? Wir haben jetzt da geblasen, da ist der Notenständer immer länger wordn, wenn wir jetzt keinen Stuhl hätten, hätten wir überhaupt gar nicht mehr auf unsere Noten schaun können. *Der Notenständer ist inzwischen wieder sanft heruntergesunken und so klein geworden, wie er anfangs war. Karl Valentin und Liesl Karlstadt steigen von ihren Stühlen herunter und sagen dabei* Jetzt weil wir am Stuhl droben gestanden sind, jetzt ist der Notenständer wieder ganz herunten. Jetzt brauch ma keinen Stuhl mehr. *Der Notenständer ist inzwischen wieder emporgewachsen, und wie sie ansetzen wollen, bemerken sie es und schauen steil und entgeistert zu ihren Noten hinauf. Dann treten sie ganz dicht unter die Schmalseite des Notenständers,*

Karl Valentin wackelt an seinem Stiel, der Notenständer saust plötzlich herunter und schlägt mit dumpfem Knall auf ihre Schädel, beide schreien »Au, au!« und jammern, Karl Valentin weint.

LIESL KARLSTADT Sie, da herin da spukt's! *Karl Valentin räuspert sich, wischt sich die Augen und spuckt aus.*

LIESL KARLSTADT Aber jetzt bin ich draufgekommen! Gehen Sie her, ich muß Ihnen was sagen! *Sie zieht Karl Valentin am Ellenbogen auf die Seite und flüstert* Können Sie sich das denken, wie jetzt das gegangen ist?

KARL VALENTIN *ganz laut* Vielleicht hat der unten an Kunstdünger hing'schmiert und dadurch wachst der Ständer.

LIESL KARLSTADT Nein, am Boden liegt ein Schnürl, und da zieht der Bühnenmeister wahrscheinlich immer dran, dadurch wird der Notenständer immer länger und kürzer.

KARL VALENTIN Dem schneiden wir das Schnürl ab! *Während sie auf der Seite zusammen reden, hat der Bühnenmeister den Doppelständer geholt und unbemerkt einen anderen dafür hingestellt, an dem tatsächlich unten eine Schnur herabhängt, die bis in die Kulisse geht.*

LIESL KARLSTADT *bemerkt jetzt das Schnürl* Ja sehen Sie, da liegt eins. Obacht! Treten S' nicht drauf! Sehen Sie, das ist ein richtiges längliches Schnürl! *Sie zieht an dem Schnürl, ein Schuß ertönt, der Ständer fällt um.*

KARL VALENTIN *läßt sich vor Schreck auf den Boden fallen und hebt dabei die Hände hoch, als ob er sich ergeben wolle* Ich bin ganz geschwollen, mir paßt der Hut nimmer. *Er versucht, sein Clownhütchen mit einer Hand wieder auf den Kopf zu setzen, aber das gelingt ihm nicht, das Instrument hat er dabei unter den anderen Arm geklemmt, ohne seine andere Hand aus der Hosentasche zu ziehen.*

LIESL KARLSTADT Da brauchen S' nur Ihre Hand raustun! Überhaupts kann Ihnen ja gar nix wehtun! Das schwere Ding, das da runterg'fallen is, is doch mir naufg'fallen!

KARL VALENTIN So, Ihnen is naufg'falln, dann tut's mir nimmer weh! *Er lacht vergnügt.*

LIESL KARLSTADT Der Notenständer ist Ihnen eben zu nieder, aber den kann man ja höher machen. *Sie zieht am Schnürchen, der Notenständer hüpft in die Höhe* Sehen Sie, der ist hinaufgefallen, gut, daß wir nicht droben gestanden sind.

Der Bühnenmeister kommt mit einem neuen Notenständer und schaut vorwurfsvoll auf den in die Höhe gehüpften alten.

KARL VALENTIN Sie, da ist was passiert, der is hinaufgefallen!

DER BÜHNENMEISTER Und ganz von selbst?

LIESL KARLSTADT Ja, wir haben nur naufg'schaut, da is er schon davonghupft.

DER BÜHNENMEISTER Sie müssen doch alles kaputt machen. Da haben S' einen anderen!

Liesl Karlstadt und Karl Valentin setzen ihre Noten auf den neuen Doppelständer, wie sie aber zu blasen anfangen wollen, dreht sich das Oberteil blitzschnell neunzig Grad um die eigene Achse, sie laufen eilig nach, der Notenständer dreht sich abermals um neunzig Grad.

LIESL KARLSTADT Blasen S' doch nicht immer! Da zieht's ja! *Sie setzen beide wieder an, aber mit dem ersten Ton dreht sich der Notenständer abermals, sie laufen um den Ständer herum und versuchen dabei immer wieder zu blasen, der Ständer dreht sich immer schneller, sie laufen in Karriere hinterher.*

KARL VALENTIN *schreit außer Atem zum Bühnenmeister hinter die Bühne* Sie, der fliegt davon! *Der Bühnenmeister kommt mit einem neuen Notenständer auf die Bühne gestürzt, stellt ihn hin und geht schnell wieder ab. Liesl Karlstadt und Karl Valentin stellen ihre Noten drauf und wollen anfangen zu blasen, beim ersten Ton schwingt der Notenständer hin und her wie ein Metronom Tick-tack, tick-tack. Karl Valentin schreit* Sie, den kann man nicht brauchen, der is ja b'soffen.

LIESL KARLSTADT Der is damisch wordn, den dürfen S' gleich in den Eisschrank neinstellen. *Der Bühnenmeister stürzt verzweifelt auf die Bühne und bringt einen neuen Notenständer. Liesl Karlstadt und Karl Valentin stellen ihre Noten auf und*

*blasen einen kurzen Marsch. Dann verbeugen sie sich, bei der
dritten Verbeugung sinkt der Notenständer in sich zusammen.*

KARL VALENTIN *zum Bühnenmeister* Sie, den kann man nicht
brauchen, der ist zu weich! *Der Bühnenmeister bringt schnell
einen neuen Notenständer, Liesl Karlstadt holt die große Trommel, indessen sagt*

KARL VALENTIN Als nächstes erlauben wir uns, ein Duett vorzutragen auf den verschiedenartigsten Instrumenten der Welt,
hier die kleinste Mundharmonika *er zieht ein winziges Instrument aus dem Westentascherl* und hier die größte Trommel
der Welt.

*Liesl Karlstadt bringt ächzend eine riesige Trommel mit einem
Meter achtzig Durchmesser hereingeschleppt.*

KARL VALENTIN Diese kleine Mundharmonika hat zwanzig Pfennig gekostet, die haben wir bar bezahlt. Die große Trommel
kostet sechshundert Mark, aber darauf sind wir noch einige
Mäuse schuldig.

LIESL KARLSTADT Raten!

KARL VALENTIN Wir ersuchen beim nächsten Vortrag um größt-
mögliche Ruhe, damit man die Trommel gut hört. *Sie spielen
wenige Takte eines Marsches* Wir erlauben uns noch einen
Vortrag vorzutragen, betitelt Da capo.

*Der Bühnenmeister kommt und bringt einen neuen Noten-
ständer.*

KARL VALENTIN Variationen über das bekannte Volkslied ›Lang,
lang ist's her‹ für Klarinette und Pomperton. *Liesl Karlstadt
bringt ihm ein Bombardon, er nimmt es, setzt sich damit auf
den Stuhl, rutscht aber, offenbar von der Schwere des Instru-
ments nach vorne gezogen, nach vorwärts vom Stuhl wieder
herunter, Liesl Karlstadt hilft ihm wieder hinauf, er fällt nach
links, sie hilft ihm wieder hinauf, da fällt er nach rechts, dann
hustet er in das Schalloch des Bombardons hinein, hebt es ge-
schwind hoch, schaut mit einem Auge zum Mundstück hinein
und steckt sein Taschentuch wie ein Geiger in den Hemdkragen, nun blasen beide eine Oktave. Karl Valentin hält den tie-*

fen Ton aus und imitiert damit das Brummen des Zeppelins. Dazu sagt er: Zeppelin! *Dann blasen beide ›Lang, lang ist's her‹, bleiben aber auf dem vorletzten Ton hängen, alles wartet auf den Grundton, sie blasen immer weiter, Karl Valentin blättert dabei die Noten um, da fallen sie ihm herunter, beide blasen immer noch weiter, während der Notenständer, vom Gewicht der Noten befreit, auseinanderschnalzt, das Oberteil fliegt über die Bühne und verschwindet nach oben. Beide schauen ihm entgeistert nach.*

Der Bühnenmeister kommt mit einem letzten Notenständer auf die Bühne gestürzt und stellt die Noten drauf.

KARL VALENTIN *und* LIESL KARLSTADT *blasen nun den letzten Ton und den Schlußmarsch, das Orchester spielt einen Tusch, sie verbeugen sich, der Notenständer verbeugt sich ebenfalls dreimal nach vorn, Liesl Karlstadt geht ab, Karl Valentin pfeift beim Abgehen dem Notenständer und sagt* Geh weiter, wir sind schon fertig! *Der Notenständer rutscht von allein in die Kulisse; dabei fällt der*

Vorhang

DAS CHRISTBAUMBRETTL

Arme kleine Leute wollen sechs Monate nach Weihnachten das Fest nachfeiern. Das Bühnenbild zeigt ihre armselige Stube, man erblickt durch das große Fenster in der Mitte die herrliche Aussicht auf eine Frühlingslandschaft mit blühenden Bäumen. In buntem Durcheinander steht der Hausrat umher: ein Kinderdreirad an der Rückwand, mit einem alten Sack zugedeckt, eine Kommode mit zerbrochenem Geschirr, ein Grammophon und ein alter eiserner Ofen, eine Küchenuhr, billige Öldrucke und eine Zugposaune an den Wänden, ein Tischtelefon, Tintenlöscher

und Strickzeug mit dicker Wolle vervollständigen die Unord-
nung. Daß ein Festtag ist, erkennt man an der lecker aussehen-
den Schaumtorte, die auf einem Stuhl neben dem Kleiderschrank
steht. Die Abenddämmerung fällt allmählich ein. Ehe sich der
Vorhang gehoben hat, hört man das Grammophon ›O du fröhli-
che, o du selige, gnadenbringende Weihnachtszeit‹ spielen.

DIE MUTTER *(Liesl Karlstadt) sitzt in einem ärmlichen Hauskleid*
und mit einer blauen Schürze in Fleckerlschuhen an einem
kleinen runden Tisch in der Mitte der Bühne unter der altmo-
dischen Petroleumhängelampe; sie hat weinend den Kopf in
die Hände gestützt und spricht Die Weihnachtsglocken läuten; o hätte ich nie mehr diesen Tag erlebt. Ich kann keine
Freude mehr haben. Mein Sohn, mein Alfred, er ist ja nicht
mehr bei mir, er ist hinausgezogen in ein fernes Land, aus dem
er wohl nie wieder zurückkehren wird. Ach Alfred, warum
hast du mir das angetan! Er ist nach Oberammergau gegangen, er wollte Fremdenführer werden; aber als er hinkam
nach Oberammergau, waren die Passionsspiele bereits schon
lange beendet. Ach Alfred, was Blöderes hätte dir gar nimmer einfallen können. Die alten Augen sind müde vor Weinen und das Bild ist schon so verstaubt, ich kann ihn gar nicht
mehr sehen! Pfui! *Sie spuckt auf das Bild und wischt es mit*
dem Taschentuch ab – So, jetzt ist es besser, jetzt schaut er
wieder so frisch in die Welt, daß man seine Freude daran haben kann. *Sie wirft das Bild ein paarmal in die Höhe* Ach ja!
– *Sie zündet sich eine Zigarre an* Wo nur mein Mann so lange bleibt? Mein guter Mann – diesen langweiligen Uhu habe
ich heute auf den Viktualienmarkt geschickt, daß er ein
Christbäumchen heimbringt für die kleinen Kinder, und nun
kommt er so lange nicht heim. Ich glaub, daß er gar nimmer
heimfindet, der alte Depp. Es wird ihm wohl nichts passiert
sein. Es ist schon so spät, die Sonne muß auch schon bald
aufgehen. Eins – zwei – drei – Aha, da ham mas schon. Ich
muß doch nachschaun, wo er sich momentan wieder herum-

treibt. *Sie nimmt das Telefon* Sebastian, wo bist du denn augenblicklich? So, am Viktualienmarkt gehst du grad? – Hast schon ein Christbäumchen? – Dann ists schon recht – geh nur glei heim! Gib Obacht, wenn du über die Straße gehst, daß dich keine Frau überfährt mitn Kinderwagl. *Es klopft* Ja, herein! Also adje, Sebastian, komm nur gleich! – ich wart auf dich – Grüß dich Gott, Sebastian! *Es klopft* Ja, herein! *Sie legt den Hörer auf. Im selben Moment kommt der Vater (Karl Valentin) mit dem Christbaum herein. Er trägt einen schneebestäubten Raglan, Brille, schneebestäubten Hut, Fäustlinge und einen Christbaum.* Ah, da ist er ja! Im Moment hab ich mit dir noch telefoniert und jetzt bist du schon da!

DER VATER Ja, i hab glei einghängt und bin glei herg'laufen.

DIE MUTTER Das ist recht – da hast ja's Bäumerl, ah der is nett – wunderschön.

DER VATER No ja, kindisch ist er halt.

DIE MUTTER Er gehört ja auch nur für d' Kinder.

DER VATER Ja, ich war in zwei Christbaumfabriken, und da hams mir den gebn.

DIE MUTTER Ja, da is ja kein Christbaumbrettl dran, hast dus verloren? Ich hab doch ausdrücklich gsagt, du sollst an Baum mit Brettl bringen.

DER VATER Ja, der hat ja keins.

DIE MUTTER Das seh ich ja, daß er keins hat.

DER VATER Wie kannstn das sehn, wenn keins dran ist?

DIE MUTTER Aufgschriebn hab ich dirs sogar, an Baum m i t Brettl!

DER VATER Ja, die haben lauter Bäum mit Brettl ghabt, das war der einzige o h n e Brettl.

DIE MUTTER Und den hast extra rausgesucht?

DER VATER Aber so ist er doch viel natürlicher, im Wald wächst er doch auch ohne Brettl.

DIE MUTTER Aber den kann man doch nicht brauchen, den kann ich ja nicht hinstellen am Tisch.

DER VATER Dann legn man halt heuer hin – jetzt ham man

fünfzehn Jahre hing s t e l l t, jetzt l e g n ma amal heuer hin.

DIE MUTTER Ich möcht doch den Baum aufputzen. Ich hab solche Sprüch gmacht bei den Kindern, ich hab gsagt, wenn du kommst, dann kommt 's Christkindl auch gleich. Und jetzt bringt er an Baum ohne Brettl! Da wärs mir schon lieber gwesn, du hättst bloß a Brettl bracht und gar koan Baum.

DER VATER Am Brettl allein hätten die Kinder auch kei Freud ghabt.

DIE MUTTER Aber so kann ich ihn nicht hinstellen!

DER VATER Ja, dann halt ich ihn halt.

DIE MUTTER Geh, du kannst doch nicht bis am heiligen Dreikönigstag so dastehn und kannst den Baum halten.

DER VATER Warum nicht, ich hab ja so nichts zu tun, ich bin ja arbeitslos.

DIE MUTTER Aber da sind doch noch vierzehn Tag hin, du kannst doch nicht Tag und Nacht den Christbaum halten, du mußt doch auch manchmal wieder amal nausgehen.

DER VATER Dann nimm ich ihn mit.

DIE MUTTER Das kannst dir denken – jetzt gehst da hin, wo du den Baum kauft hast, und tauschtn um, sagst, sie sollen dir an andern geben.

DER VATER Naa, naa, der is froh, daß er den anbracht hat.

DIE MUTTER Dann muß ma halt selber a Brettl hinmachen.

DER VATER Ja, ich geh zu der Hausmeisterin und hol a paar Bretter vom Hof rauf, da schneiden wir a Stück runter.

DIE MUTTER Holst einfach so ein kleines Brett rein, das machen wir hin.

DER VATER So ein Stück Brett halt.

DIE MUTTER Aber zieh dich zuerst aus.

DER VATER Ganz?

DIE MUTTER Dein Mantel und dein Hut – aber leg mir an Hut nicht aufs Bett nauf, sonst zerlauft der ganze Schnee.

DER VATER Der zlauft nicht, das ist ja ein Christbaumschnee.

DIE MUTTER Jetzt geh nur.

DER VATER Ich trag jetzt mein Raglan naus und hol die Bretter.

Er geht ab.

DIE MUTTER So ein schönes Bäumchen hat er bracht, er ist ein
guter Mann, aber ein furchtbares Rindvieh – bringt er einen
Baum ohne Brettl daher. – *Man hört Kindergeschrei* Pst! –
Ja, wer hat denn das Kind verkehrt herg'legt, da steigt ja 's
ganze Blut in den Kopf. *Abermals Kindergeschrei* Ja, sei nur
still – Hundsbankert, hör doch auf, der ist gewiß wieder naß.
Sie legt das Kind auf den Tisch Ja, ja, ich werde dich gleich
trocken legen. *Sie nimmt den Tintenlöscher und trocknet das
Kind damit, das Kind schreit immer noch* Jetzt sei doch ru-
hig – wart, ich werd dir ein Wiegenlied blasen. *Sie nimmt die
Posaune von der Wand* So, mein Kind, jetzt paß schön auf.
*Sie bläst ›Schlaf, Kindlein, schlaf‹ usw. – beim letzten Ton ist
das Kind eingeschlafen. Der Vater kommt mit zwei langen
Brettern herein, bleibt damit in der Hängelampe hängen, stößt
alles um, der Tisch fällt auseinander, der Fliegenfänger klebt
ihm im Gesicht, ein verzweifeltes Durcheinander entsteht, die
Mutter will ihm helfen* Da, nimms Kind. *Sie drängt ihm das
Kind auf und hängt die Posaune wieder an die Wand.*

DER VATER Nimm mir doch die Bretter ab!

DIE MUTTER Mein Gott, wie ders Kind hat! Mein Gott, ist das
was! *Umständlich befreit sie ihn vom Fliegenfänger, von den
Lampenketten usw.*

DER VATER Sind die Bretter recht? Daraus können wir uns
Christbaumbrettln im voraus machen für mindestens zwanzig Jahr.

DIE MUTTER Was hast denn jetzt da für lange Bretter bracht, waren denn keine längeren mehr da?

DER VATER Naa, des war des längste.

DIE MUTTER Ja, dann hol eine Säge und schneid ein Brettl runter!

DER VATER Ja, dann hol ich jetzt ein Stück Säge.

DIE MUTTER Und ich heiz einstweilen ein.

DER VATER *kommt mit der Säge und legt den Christbaum der
Länge nach auf das Brett* Das gibt drei Christbaumbrettl.

DIE MUTTER O Gott, o Gott, raucht der Ofen wieder!

DER VATER Hastn höchstens angezunden.

DIE MUTTER Dummes Gered! Vor zwei Jahren hab ich schon zu dir gsagt, du sollst den Kaminkehrer holen.

DER VATER Ich telefonier ihm halt, weißt du die Kaminnummer? *Er telefoniert* Wie bitte? Die Nummer wissen wir beide nicht, Fräulein.

DIE MUTTER Wer ist denn eigentlich da?

DER VATER Wir sind falsch entbunden, der König Herodes hat, glaub ich, grad gesprochen.

DIE MUTTER *reißt ihm das Hörrohr aus der Hand* Wer ist denn da? Wie? – Ah, grüß Gott!

DER VATER Wer is denn?

DIE MUTTER Die Frau vom Kaminkehrer ist da! Grüß Gott Frau Kaminkehrersgattin! Ist Ihr Mann daheim? Geh, sagn S' zu ihm, er soll gleich rüberkommen. *Der Vater spricht dazwischen* Sagn S' bei uns raucht der Ofen.

DER VATER Er soll rauskehren vom Ofen.

DIE MUTTER Ich sags ihm schon.

DER VATER Ich kanns ja auch.

DIE MUTTER Dann sagst dus ihr, wenn du so gscheit bist.

DER VATER Ach bitt schön, möchten S' nicht mit der Leiter bei uns den Ofen auskehren?

DIE MUTTER Schmarrn, sie weiß doch schon alles, was sagts denn?

DER VATER Sie sagt, er kommt vielleicht ganz bestimmt. *Er legt das Hörrohr in den Geschirrhafen hinein.*

DIE MUTTER Schneid doch amal das Brett ab! *Sie kniet noch immer beim Ofen am Boden. Der Vater nimmt die Säge und setzt sich auf die Mutter* Was machst denn, siehgst nimmer, blinder Heß?

DER VATER Wie groß soll denn das Brettl eigentlich sein?

DIE MUTTER Hast denn noch nie a Christbaumbrettl gsehn?

DER VATER Schon oft, aber das hab ich nimmer so im Gedächtnis.

DIE MUTTER Dann nimm halt das vorjährige Brettl als Muster. *Der Vater sägt das Brett ab, die Mutter hilft ihm dabei.* Gib obacht, daß du dich nicht schneidst!

DER VATER *redet immer* Die Kinder werden a Freud haben. Jetzt kommt ein Ast. – *Die Mutter geht ab und holt das Kaffeeservice.* Bring mir eine Schweinsschwarte zum Schmieren. *Die Mutter geht an den Tisch. Er drückt mit der Säge das Brett in die Höhe und stößt der Mutter das Geschirr aus der Hand* Ich hab doch gesagt, du sollst 's Brett halten.

DIE MUTTER Wo hast du denn das Brettl, das du runtergschnitten hast?

DER VATER Da ists. *Er hält das lange Brett immer noch in der Hand. Die Mutter steigt am anderen Ende drauf. Das Brett haut den Vater auf die Füße* Au, au, jetzt ists am Fuß naufgfallen.

DIE MUTTER Auf was fürn Fuß?

DER VATER Auf unsern Fuß. *Er hebt das Brett auf, fahrt der Mutter unterm Rock damit herauf.*

DIE MUTTER Was machst denn? Heute am Heiligen Abend macht er so saudumme Sachen.

DER VATER Ist doch erst der Heilige Nachmittag.

DIE MUTTER Jetzt hat er so a kleins Brettl runtergschnitten, das können wir doch nicht brauchen. Da nehmen wir halt das alte her, aber da mußt du noch ein Loch hineinbohren.

DER VATER Dann hol ich den Bohrer. *Er tut es und bohrt ins Brettl ein Loch hinein; das Brettl dreht sich immer.*

DIE MUTTER Komm, laß dir helfen. Das Brett legt man daher am Tisch, ich halt dir und du bohrst. *Der Vater bohrt und spricht dabei.* So red doch nicht immer, paß doch aufs Loch auf!

DER VATER Ja, ich kann doch unterm Bohren reden.

DIE MUTTER Das brauchst gar nicht.

DER VATER So! *Er hat durch das Brett und durch den Tisch gebohrt, daß der Bohrer unten raussteht.*

DIE MUTTER Das sieht dir wieder gleich! Bohrt er in den schönen Tisch a Loch hinein, da brauchst dir noch was einbilden drauf, das schönste Stück in unserer Wohnung is jetzt auch kaputt.

DER VATER Das war vorauszusehen.

DIE MUTTER Das Loch ist überhaupt zu groß, da paßt der Christbaum gar nicht hinein.

DER VATER Das Brettl brauchen wir ja jetzt nicht. Jetzt können wir den Christbaum glei in den Tisch neistecken.

DIE MUTTER Das hättest glei tun können, da hätten wir überhaupt kein Brettl braucht.

DER VATER Das sag ich ja immer, drum hab ich ja an Christbaum ohne Brettl kauft.

DIE MUTTER Jetzt schmück amal den Baum, häng a paar Kugeln hin, die Kinder freun sich ja schon drauf.

DIE KINDER *hinter der Szene* Mama, dürfen wir schon rein?

BEIDE Nein, noch lange nicht.

DIE MUTTER Schick dich doch, die Kinder möchten schon herein. *Der Vater hängt ein paar Christbaumschmuck-Glaskugeln hin, wirft aber dabei Tisch und Baum um.*

DIE MUTTER Jessas, jessas, was machst denn wieder? *Die Kinder schreien wieder.* Gleich, Kinder, schreit doch nicht so! *Zum Vater* Schick dich doch, mach die Kerzen hinauf. *Die Kinder schreien abermals.* Seids doch still – ihr Hundsbankerten, ihr miserablen!

DER VATER Hundsbankerten brauchst net sagn zu dene Saukrüppeln! *Die Kinder schreien erneut.*

DIE MUTTER Seids doch ruhig, der Teufel soll euch holen!

DER VATER Vergiß dich doch nicht, der Teufel solls holen: wenns der Teufel holt, braucht ma uns doch die ganze Arbeit nicht machen.

DIE MUTTER Das geht dich gar nichts an, schick dich doch!

DER VATER O tuh, tuh! *Er heult furchtbar.*

DIE MUTTER Seids still, Kinder, der Vater is narrisch wordn. *Zum Vater* Was machst denn jetzt? *Der Vater hat sich einen Kerzenhalter an den Finger gezwickt.* Um Gottes willen, das Unglück auch noch! *Die Kinder schreien wieder.* Gleich kommts Christkindl – *Zum Vater* So, du zündest jetzt amal den

Baum an und ich bring derweil die Kinder.

DER VATER Die hast schon einmal gebracht.

DIE MUTTER Ich mein, ich brings herein. *Sie geht ab. Der Vater nimmt ein Zündholz und zündet den Baum unten an.*

DIE MUTTER *kommt herein und schreit* Was machst denn da, du zündest ja den Baum an!

DER VATER Du hast doch gesagt, ich soll den Baum anzünden!

DIE MUTTER Ich hab doch gemeint die Kerzen.

DER VATER An Baum hast gsagt.

DIE MUTTER No ja, wie man halt so sagt. *Sie geht ab. Der Vater zündet die Kerzen an, läutet mit der Handglocke und läßt das Grammophon spielen. Die Mutter und die Kinder kommen herein* So, Kinder, jetzt is 's Christkindl kommen. *Alle stellen sich um den Baum.*

KINDER Ah, ah, der ist schön!

DER VATER No, gar so schön ist er nicht.

ALLE *singen* Ein Prosit, ein Prosit, der Ge - müt - lich - keit! Eins - zwei - drei - Gsuffa!

DER VATER No, no, no, jetzt bist in an Frühschoppen hineingekommen.

DIE MUTTER *zum Kind* Jetzt sagst du dein Gedicht. Kannst es noch? Jetzt sags schön, daß der Vater a Freud hat.

DAS KIND

»Sankt Niklas durch die Wälder schritt
Manch Tannenbäumchen nimmt er mit,
Und wo er wandert, bleibt im Schnee
Manch Futterkörnchen für Hase und Reh.
Leise macht er die Türen auf,
Jubelnd umdrängt ihn der kleine Hauf:
Sankt Niklas, Sankt Niklas,
Was hast du gebracht?
Was haben die Englein für uns gemacht?«
Vater und Mutter weinen währenddem.

DER VATER Schön hat sies gsagt, sehr schön!

DAS KIND So, gute Mutter, und das gehört dir! *Es schenkt der*

Mutter eine Haube.

DIE MUTTER *freut sich* Ach du gutes Kind, ich danke dir!
Da schau her, Vater, so was Schönes!

DER VATER Ah, Ölsardinen!

DIE MUTTER Geh, mach doch deine Batzlaugen auf. A Haube hat
sie mir geschenkt, die is schön, die kann ich notwendig brauchen. Ja, hast du die Haube selbst gestrickt?

DAS KIND Nein, Mutter, die hab ich nicht selbst gestrickt, die hab
ich gestohlen.

DER VATER Ja was is des?

DIE MUTTER Ja, wo hast denn die Haube gestohlen?

DAS KIND Beim Oberpollinger.

DER VATER Des is recht!

DIE MUTTER So, beim Oberpollinger? Ja habns denn da so schöne
Hauben? Das gute Kind, jetzt is alles so teuer, man kann so
nichts mehr kaufen.

DER VATER Natürlich, man ist ja direkt verpflichtet dazu.

DIE MUTTER Hoffentlich hat dich kein Mensch gesehen!

DAS KIND Nein, Mutter, da hat mich niemand gesehen.

DIE MUTTER Dann gehst nächste Woch noch einmal hinein und
holst mir eine.

DER VATER Und wennst amal beim Henne vorbeikommst, dann
nimmst mir an ›Mercedes‹ mit.

DIE MUTTER Du bist ein gutes Kind, du bist jetzt schon reif fürs
Zuchthaus. – Mach nur so fort. Da schau her, was dirs Christkindl bringt, eine Zugharmonika.

DAS KIND Ah, danke, Mutter!

DIE MUTTER *zum zweiten Kind* Und dir ein Springseil.

DAS ZWEITE KIND Ah, danke, Mutter.

DER KAMINKEHRER, *entsetzlich lang, mit hohem schwarzem Zy-
linder, Hacke, Leiter und Besen, kommt plötzlich herein.* Grüß
Gott beieinander! *Die Kinder schreien und fürchten sich vor
ihm.*

DIE MUTTER Seid ruhig, Kinder, der tut euch nichts – *Zum Kaminkehrer* Um Gotteswillen, Herr Kaminkehrer, Sie können

wir jetzt nicht brauchen, wir haben doch jetzt gerade Bescherung.

DER VATER Ausgerechnet jetzt kommt er. Ich hab doch eigens
telefoniert, Sie sollen morgen am Feiertag kommen. Speziell
als Kaminkehrer sollen S' soviel Anstand haben, daß S' jetzt
nicht am Ofen umananderkratzn.

DER KAMINKEHRER Das werden wir gleich haben. Ich bin gleich
fertig. *Er fängt am Ofen sehr laut zu klopfen und zu kratzen
an.*

DIE MUTTER Geh, warten S' doch einen Moment, Sie sehn doch,
daß wir gerade Bescherung haben, man versteht sein eigenes
Wort nicht mehr, vor lauter Lärm. *Die Kinder machen auch
Lärm.* So hört doch auf, ihr Fratzen!

DER VATER Wartens S' an Moment, Herr Kaminkehrer. *Zur
Mutter* Da schau her, du bekommst deine Fotografie, die hab
ich vergrößern lassen. *Er überreicht ihr einen Papierdrachen.*

DIE MUTTER Was, an Drachen? Ich glaub, du willst mich der-
blecken. Was meinst denn da damit? Da schau her, Vater, du
kriegst von mir auf Weihnachten ein Cockorell-Motorrad –
aber heuer mußt noch selber treten; 's nächste Jahr kriegst
dann an Hilfsmotor dazu. *Sie gibt ihm das Kinderdreirad, das
zugedeckt auf der Bühne steht. Zum Kaminkehrer* Herr Kaminkehrer, nehmen S' an Moment Platz.

DER KAMINKEHRER Bin so frei! *Er setzt sich von rückwärts auf
den Stuhl, auf dem der Schaumkuchen liegt, mitten in denselben hinein.*

DIE KINDER *schreien* Mutter, der Kaminkehrer hat sich in den
Schaumkuchen gesetzt!

DER KAMINKEHRER Jessas Maria! Daß mir des grad auf Johanni
passieren muß. *Er dreht sich um und wischt mit der Hand den
Schaum von seiner Hose.*

DER VATER *hat sich währenddessen auf das Rad gesetzt und
fährt damit über die Bühne, wobei alles umfällt – die Lampe
fällt herunter – es entsteht ein fürchterlicher Tumult. Die Mutter und die Kinder schreien. Er bleibt plötzlich mit offenem*

Munde in fassungslosem Staunen in der Mitte stehen Ja wia komma denn Sie auf Johanni?

DER KAMINKEHRER Was wolln S' denn, heut ist doch der 24. Juni!

DER VATER Himmikreuzsapprament! Da geht nacha mei Abreißkalender nach!

DIE MUTTER Des schaugt dir scho gleich!

DER VATER Siehgst, Alte, drum hab ich ja heut den Christbaum auch so billig kriagt!

Vorhang

DER FIRMLING

Der verhängnisvolle Firmungstag

Die Bühne gehört – durch ein Plakat mit der Aufschrift ›Weinterrasse‹ gekennzeichnet – zum Zuschauerraum. Sie ist rosa tapeziert und zeigt im Hintergrund gemaltes Publikum, das an kleinen Tischen sitzt. Im Vordergrund sind drei Tische weiß gedeckt, darauf stehen Zahnstocher in Ständern, die Spitzen nach oben, und als Tafelschmuck Tannenzweige in Vasen. Eine Anrichte trägt Sektkübel, Zigarettenschachteln, Teller, Salzstreuer, Gläser, Strohhalme, Bestecke und bunte Zigarrenkisten.
Zur Einleitung geht die Musik in ›Schön ist die Jugend bei frohen Zeiten‹ über. Karl Valentin spielt den Vater.

Beide kommen vom Publikumseingang her durchs Lokal und suchen einen Platz, finden ihn aber nach vielem Anstoßen unter Assistenz des dicken, beschürzten Oberkellners in weißem Sakko erst auf der als Weinterrasse hergerichteten Bühne.

Pepperl (Liesl Karlstadt) hat viel zu große weiße Handschuhe an den Händen und trägt darin eine lange Kommunionkerze mit einer riesigen weißen Seidenschleife. Damit bleibt er auf dem Podium gleich am ersten Stuhl hängen, der krachend umfällt.

VATER No, Depp .. *Pepperl rennt den zweiten Sessel um und lacht. Vater wirft Tisch und Stuhl um, verwickelt sich mit Schirm, Stuhl und Tisch, ein fürchterliches Durcheinander entsteht. Pepperl lacht* Lach net so saudumm, dummer Bua. *Beide setzen sich nieder, schauen sich nach dem Kellner um und pfeifen.* He, Kellnerin, zwei Halbe!

KELLNER *kommt auf die Bühne* Was wünschen die Herrschaften?

VATER Zwoa Halbe Bier und etliche Brot.

KELLNER Bedaure, Bier wird bei uns nicht verschenkt.

VATER Mir wollns ja net gschenkt, mir zahlen ja.

KELLNER Ich meine, wir führen kein Bier, hier gibts nur Wein – wir haben Weinzwang.

VATER Na bringst halt zwoa Halbe Weinzwang.

KELLNER Ich bringe Ihnen die Weinkarte. *Pepperl lacht und schaut immer auf seine Uhr.* Bitte, hier ist die Wein- und die Speisekarte *Er geht ab.*

VATER Was magstn Pepperl, weilst dich heute so schön firmen hast lassen, derfst du dir heut was Feines raussuchen. Was magst denn? Red – oder red' – was magst denn?

PEPPERL An Emmentaler –

VATER Ja hast du Hunger?

PEPPERL Ja.

VATER An Emmentaler werns da herin net ham. *Er schaut in die Weinkarte* Ja, hams scho oan, aber da hoaßt er anders, da hoaßt er Affenthaler. *Er pfeift.*

KELLNER Bitte, haben die Herrschaften schon gewählt?

VATER Bringst an Pepperl a Stück Affenthaler und Pfeffer und Salz.

PEPPERL Ja, und zwoa Bretzn.

KELLNER Sie meinen eine Flasche Affenthaler?

PEPPERL Na, a Trumm Affenthaler.

KELLNER Es gibt doch nur eine Flasche Affenthaler.

VATER Wieso? Habts denn Ihr an Kas in der Flaschn drin?

KELLNER Affenthaler ist immer in der Flasche.

VATER Seit wann denn?

KELLNER Seit es einen Affenthaler gibt.

VATER Ja, wia bringa mir denn den raus? Mir können doch net an Kas mitm Stopselzieher rausziehen! *Pepperl lacht.* Jetzt hörst amal dei saudumms Gelächter auf! – *Er haut ihm erbost eine runter. Pepperl weint.* So macht er mirs heut scho den ganzn Tag, in einer Tour grinst er, der dumme Bua. *Pepperl lacht wieder.*

KELLNER Mein Gott, er freut sich halt, weil er jung ist!

VATER Ich war doch aa amal jung, vielleicht jünger wie der.

KELLNER Also wollen Sie dann einen Affenthaler trinken?

VATER Wieso trinken?

KELLNER Affenthaler ist nur zu trinken.

VATER So weich ist der?

KELLNER Will der Kleine vielleicht eine Limonade?

PEPPERL Ja.

VATER Eine rote – a recht süße bringst ihm.

KELLNER Und Sie auch eine Limonade?

VATER Mir wars ja gnua, mir bringst an Schnaps!

KELLNER Was für einen darf ich bringen? *Er liest die Likörkarte ab* Allasch, Kirschwasser, Zwetschgenwasser, Rum, Kognak, Magenbitter, Kräuter ...

VATER Net so viel, einen nur!

KELLNER Goldwasser, Macholl, St. Emmeram ...

VATER An Macholl habts aa, ja, den mag i.

KELLNER Also eine Limonade und ein Gläschen Macholl.

VATER Was, a Gläschen? A Flaschn möcht i, a Glasl is bei mir scho leer, wenn i's anschaug. Bring a Flaschn.

KELLNER Eine ganze Flasche wird Ihnen wahrscheinlich zu teuer sein.

VATER Dös geht Ihna an Dreck o.

KELLNER Und was speisen die Herrschaften? *Er liest die Speise-karte ab* Makkaroni mit Schinken ist noch da.

VATER Magst solche – *zum Kellner* – na bringst oa.

KELLNER Bitte sehr – also zweimal Makkaroni mit Schinken.

VATER Naa, oamal.

KELLNER So, nur einmal.

PEPPERL Ja, für an jeden – eine –

KELLNER Also dann doch zwei Portionen.

VATER Nein, nein – eine – aber für zwei.

KELLNER Ja, wollen Sie jetzt eine oder zwei?

PEPPERL Nein, ich möcht nur eine.

KELLNER Ja, dann wollen Sie doch zwei?

VATER Nein, eine für uns zwei.

KELLNER Sie meinen eine Doppelportion.

VATER Ja, eine einfache Doppelportion.

KELLNER Zum Donnerwetter, soll ich jetzt eine oder zwei Por-tionen bringen?

VATER Jetzt bringst oane und schwingst dich, sonst kann sein...

KELLNER Ich bringe Ihnen jetzt eine Portion. *Geht schimpfend ab* Das ist eine nette Bagage, die wissen nicht, was sie wol-len, die sollen doch woanders hingehen, in eine Bauernwirt-schaft, das ist ja furchtbar.

VATER Nur net nachbrumma dahinten. Tua fei ja net launen-haft sei, sonst ziag i di raus aus deim Cheviot. – Ja mei, Pep-perl, was sagst denn, habn die an Kas in der Flaschn drin, drum soll ma so wo net reingehn, in eine Tiele. Tiele hoaßn sies jetzt, früher hat ma Weinbeizen gsagt. – Lauter so mo-derne Krampf hams da. *Er will schnupfen. Pepperl stößt ihm den Tabak herunter* Net steßn – Aff – überall bauns jetzt eine Tiele hinein, i bin nur neugierig, wie in zehn Jahren 's Hof-bräuhaus ausschaugt. *Er will wieder schnupfen.*

PEPPERL Jetzt wird er glei wieda reinkomma! *Er stößt den Va-ter wieder.*

VATER Jetzt haut er mir schon die zwoate Pyramidn runter, glei schlag i di aa runter. *Er schnupft sehr laut.*

KELLNER Hier bitte die Limonade für den Kleinen, hier Ihr Likör, wohl bekomms.

VATER Bist da, Herzerl! *Er haut den Kellner hinten hinauf.*

KELLNER Was erlauben Sie sich?

VATER Oha, jetzt hab i glaubt, i bin im Hofbräuhaus bei der Marie – *Kellner ab.* So, Pepperl, jetzt laß dirs recht schmekken, heut ham mir so schon so viel herumgsoffn.

PEPPERL Prost, Vata – ah, heut is zünfti – da schau her, Vata – ah, des is a Gaudi.

VATER Ja was tuast denn!

PEPPERL Seifenblasen.

VATER Dir tua i dann glei Seifenblasen mit der teuren Limonad – des Steckerl ghört doch zum Umrührn. *Er rührt um, bricht aber das Röhrl ab.*

PEPPERL So, jetzt hast es brochen, uh, der wenn reinkommt!

VATER Lauter Glump hams scho a da herin, mir sagn einfach, des war scho.

PEPPERL Ja, des sagn ma, na spannt ers net. Prost Vata, ah, heut is zünfti.

VATER Prost Pepperl – so, jetzt derfst dei erste Zigarrn rauchen. *Er pfeift.*

KELLNER *kommt* Bitte sehr?

VATER A Zigarrn fürn Buam, a ganz leichte – weil er noch nie graucht hat.

KELLNER Bitte sofort. *Geht ab.*

VATER Die Mutter wenn uns jetzt seng kannt, dö hätt a Freud. Hats allwei gsagt, den Tag möcht i noch erleben, aber leider is sie heimgegangen in den großen Heimgarten.

KELLNER *bringt eine Zigarre* Bitte sehr.

VATER Zünds an Buam glei o! So, Pepperl, ziag nur fest – *zum Ober* Moanst net, daßn zreißt?

KELLNER Na, wir werden ja sehen.

VATER Ja, wenn mirs scho amal seng, na is 's schon zspät. *Kellner ab.* Inhalier nur fest, daßd a guate Farb kriagst. Du mußt

dir denken: Heut ist der schönste Tag in deinem Leben – die Jugendzeit kommt nur einmal, des derfst mir glaubn – *er singt*
»Schön ist die Jugend, bei frohen Zeiten, schön ist die Jugend, sie kommt nicht mehr.«

PEPPERL Ja, des kenn ich auch, den alten Schmarrn. *Er singt mit* Prost, Vata, heut is 's zünfti.

VATER Das mußt du dir merken, die Jugendzeit kommt nur einmal im Leben . . .

PEPPERL *singt* »Drum sag ichs noch einmal . . .«

VATER Was sagst, Pepperl?

PEPPERL Naa, i hab bloß gsunga, »Drum sag ichs noch einmal . . .«

VATER Da hast du recht, des kann ma net oft gnua sagn. *Er stößt mit der Nase in die Zahnstocher* Au – au. *Pepperl zieht sie ihm heraus* Wie kannst denn du die Zahnstocher da herstelln; wenn i Bluatvergiftung kriag und wird mir die Nasn weggschnittn, mit was schneuz i mi dann?

PEPPERL Da kann i nix dafür, für was muaßt du dei Nasn überall drin habn.

VATER *reibt die Nase mit Schnaps ein* Jessas, brennt dös.

PEPPERL Ja eben – drum sag i 's noch einmal . . .

VATER *wirft ihn über den Stuhl hinunter* Fangt er immer wieder an mit seiner saudummen Jugendzeit.

PEPPERL Ah geh, bis i amal windi wer!

VATER Setz di her da! Setzt di glei her? – Du Hundling!

PEPPERL Tua fei net köppeln.

VATER Halts Maul!

PEPPERL Brauchst mi a net glei nunterwerfa, i hab di a net nuntergschmissn.

VATER Des kommt scho noch – setz di her!

PEPPERL Ja gell, wenn die neue Uhr bricht, dann ham mas – i glaub, i hab so schon die Feder abdraht.

VATER Dei Gurgl drah i dir no ab – daß dus woaßt. – Denk liaba an dei Zukunft, woaßt heut no net, was du amal werdn willst.

PEPPERL Dös wern mir nachher scho seng.

VATER Heut woaßt no net, was du amal wirst. Pepperl, Pepperl, denke dran, was aus dir noch werden kann.

PEPPERL Ja, da bin i selber neugierig.

VATER Aber siehgst, des gfreut mi heut no, daß es mir gelungen ist, den heutigen Tag zu erleben.

PEPPERL Ja, mi a, wär schad, wenn ihn mir zwei nimmer erlebt hätten.

VATER Niemand auf der Welt hätt dir dein Firmpat gemacht, wenn ich mich nicht deiner erbarmt hätt.

PEPPERL Ja, wennstn du net gmacht hättst, dann könnt i heut mit meiner Kerzn alloa rumharpfn.

VATER Alle hams dir versprochen, a jeder hat gsagt, dein Buam mach i an Firmpat, und wies dann drum und drauf ankomma is, hat sich a jeder druckt. Merk dir das – Pepperl – Freunde in der Not gehen zehne auf ein Butterbrot. Gell, der Onkel hat dirs so sicher versprochen, und jetzt hat er dir was ghustet. Warum hat er dir denn dein Firmpat net gmacht? – Weil er kein Flins drauf hat, weil er dir koa Uhr hätt kaufen können. Ich hab dein Firmpat gmacht, ich hab mei Wort ghaltn. I war da wia da Zoaga.

PEPPERL Ja, des is wahr.

VATER Was hast denn ghabt vor der Firmung?

PEPPERL Nix.

VATER Net amal an Anzug hast ghabt, nackert hättst gehn müssen.

PEPPERL Na hätt i halt mei Badehosn anzogn.

VATER Koan Anzug hast ghabt, koa Hemdknöpferl, koane Sokken, koa Hemad, koan Charakter, nix hast ghabt wia dein saudumma Kopf.

PEPPERL Ja, und den hab i von dir kriagt.

VATER Ich kann mich noch gut erinnern, wia i rumglaufen bin um an Anzug für den Buam. Was i da für a Lauferei ghabt hab, das is der Bua gar net wert. In sämtlichen Kleidererziehungsanstalten war ich in München, beim Isidor Bach, beim Knagge & Peitz, beim Isidor Kustermann, beim Heilmann &

Littmann, nirgends hab ich einen Kommunionanzug auftrieben. *Pepperl raucht die Zigarre, es wird ihm schlecht, er nimmt seinen Hut und geht ab. Kellner kommt herein und serviert die Getränke, ab. Vater allein* Und da wo ich ein auftriebn hätt, kostet ein Kommunionanzug heute fünfundsechzig Mark, ja, ja, mir wars ja gnua, des kann i mir als Mittelstandler net erlaubn, daß ich für den Buam fünfundsechzig Mark am Tisch hinleg – ich bin koaner von der Burschoisie, i muaß mir mei Geld mit der Hände Fleiß verdienen, na hab i mir denkt, koan neuen konnst net kaffa, kaff dir halt oan von Herrschaften abgelegten Kommunionanzug, zua alle Dandler bin i, in meine sämtlichen Stammkneipen ha i 's rumerzählt, nichts wars, die ganze Hoffnung hab i schon aufgebn. Derweil schleicht sich ein Zufall ein. Kommt der Erlacher Franzl zu mir, a alter Spezi, ein Kriegskamerad von mir, mir san anno Siebazg mitanand z' Deisenhofen gstandn, Mann an Mann, Brust an Brust, direkt am Isarufer, wos so feucht war, der hat es erfahrn, daß i an Kommunionanzug kaufen will. Des gfreut mi, Franzl, hab i gsagt, sag i, aber es is net gsagt, daß des, wo dein Hundsbuam paßt, mein Knaben aa paßt – kurze Rede langer Sinn, der Erlacher Franzl bringt den Anzug, der Pepperl ziagtn o und – paßt hat er! *Er haut auf den Tisch* Hätt ja i im Leben net denkt, daß dem Pepperl der Anzug paßt, wo er an Buam gar net kennt – kennt an Buam gar net – aber wia gsagt, der Erlacher bringt den Anzug, der Pepperl ziagtn o, und – paßt hat er. *Er haut auf den Tisch* No ja, die Ärmel warn zlang, des stimmt, de hat d' Muada dahoam abgschnittn, und de Sach war erledigt, aber so is doch die ganze Sache furchtbar interessant. Und noch dazu will er mir den Anzug schenken – naa, sag i, Franzl, des gibts net, es gfreut mi ja über alle Maßen, daß du mir den Anzug kredenzt – aber so sehr mich dein Antrag würdigt, so hat die Sache einen ganz anderen Haken, denn du bist selber ein armer Teufl, und wenn du mir schon den Anzug gibst, dann wollen wir die Sache finanziell regln. In dieser Beziehung bin ich ein Ehrenmann, da laß i mir nichts nachsagen. Aber wie gsagt, er bringt den Anzug, der Pepperl zieht ihn an und – paßt hat er, das is ja das Horrende an der Angelegenheit. Man muß doch bedenken, daß er mein Buam noch mit keinem Auge erspähet hat. Kennt der an Buam net, sei Bua is vielleicht a Mißgeburt, aber mei Bua is gwachsn wie eine Hyazinthe. Aber wie gsagt, der Erlacher Franzl bringt den Anzug, der Pepperl ziagtn an und – paßt hat er! *Er haut auf den Tisch und fällt damit zu Boden* Oha, jetzt hats mi abidraht – wo er an Buam gar net kennt – das ist ja das Frappante – ja was is denn des *Er ruscht beim Aufstehen immer mit den beiden Füßen aus* Muaß i in meine alten Tag noch 's Radlfahrn lerna.

PEPPERL *kommt weinend* Vata, mir is so schlecht.

VATER Mir auch.

PEPPERL Vata, i möcht hoamgeh.

VATER Ich auch.

PEPPERL Mach, steh halt auf.

VATER Wenn i könna tat, scho.

PEPPERL Was hast denn?

VATER A Hepfa.

PEPPERL Der legt si glei am Boden hin, der faule Kerl! *Er hängt seinen Hut an den Kleiderständer und hebt den Vater auf. Der Vater fällt immer wieder hin. Pepperl hebt ihn immer wieder auf* Mach, steh doch auf, mir is ja selber so schlecht.

VATER *singt* »Auf der schönen grünen Wiese, da spielt ...«

PEPPERL Halt doch dei Mäu! *Vater fällt wieder hin. Pepperl schimpft* Geh, sei doch net so ekelhaft!

VATER Ich hab gekämpft für König und Vaterland!

PEPPERL Ja, des is ja jetzt wurscht ... *Vater fällt hin.* Jetzt wirds mir bald z' dumm wern, 's nächstemal konnst alloa in d' Firmung geh ... *Vater fällt hin.* Dann setz di halt auf an Stuhl, wannst nimmer steh konnst. *Vater fällt mit dem Stuhl um.* Jetzt werd i bald narrisch wern.

KELLNER *kommt mit den Speisen herein* Ja, um Gotteswillen, wie sieht es denn hier aus, was ist denn das für ein Benehmen!

PEPPERL Ich bins ja net, das war ja er.

KELLNER Das ist ganz egal. Sie gehören beide nicht in dieses feine Lokal, das ist ja furchtbar.

PEPPERL Weil er immer so viel sauft, der alte Aff.

VATER *zum Kellner* Ich bin ein Ehrenmann, das merkst dir!

KELLNER *hebt alles auf und stellt die Speisen auf den Tisch* So, jetzt essen Sie Ihre Makkaroni und dann machen Sie so schnell wie möglich, daß Sie fortkommen. Das geht doch nicht, wie Sie sich hier aufführen. *Zum Vater* Nicht wahr, das müssen Sie doch selbst einsehen, daß das hier nicht geht.

PEPPERL Ja, des hört der nimmer.

VATER *singt.*

KELLNER, *nachdem er den Tisch in Ordnung gebracht hat* Also bleiben Sie endlich sitzen und verhalten Sie sich ruhig, sonst lasse ich Sie rauswerfen. *Kellner ab.*

PEPPERL So, jetzt hast es, jetzt werden wir noch rausgeschmissen aa, grad heut an mein Firmungstag. Jetzt bleibst amal sitzn, du bsuffana Uhu. *Beide fangen zu essen an. Pepperl haut mit der Kerze Vaters Nudeln hinunter.*

VATER Mußt denn du immer beim Fressen die damische Kerzn ham! *Er nimmt sie ihm aus der Hand, ißt jetzt mit der Kerze, wickelt Nudeln darüber, steckt die Kerze in die Westentasche, holt sie wieder heraus und fährt Pepperl damit beim Essen in den Mund hinein. Pepperl schreit. Vater wirft Nudeln hinunter, der Tisch fällt um, er steckt alle Nudeln in die Tasche. Pepperl hat eine Nudel im Mund. Vater zieht sie heraus.*

PEPPERL Wo is mei Huat, komm lauf ma davon.

VATER Ja, dann brauch ma nix zahln. *Beide nehmen ihre Hüte vom Kleiderständer, werfen ihn um, und Pepperl trägt Vater huckepack hinaus.*

KELLNER *kommt* Halt, zahlen, zahlen!

Vorhang

GROSSFEUER IN UNTERGILCHING

Bei der Huberbäuerin brennt's

In den hellen Hintergrund des Himmels ragen die Giebel der Bauernhäuser um einen Dorfplatz herein, links ein Fachwerkbau, daneben das niedrige Dach des alten Spritzenhauses mit seinen Schindeln und dem großen Tor sowie einem seitlichen Fenster an der rechten vorderen Ecke. Daneben ragt wuchtig das Haus der Huberbäuerin ins Bild, rechts überschattet von Kastanien, zwischen deren Zweigen andere Ziegel- und Schindeldächer hervorlugen. Rechts vorne schiebt sich eine hellgetünchte Hauswand mit Fenstern und buntbemalten Fensterläden auf die Bühne. Das Haus der Huberbäuerin hat eine auf halber Höhe waagerecht geteilte Tür, deren Oberteil geöffnet ist. Auch das nebenliegende Fenster steht offen. Die Läden sind an allen Fenstern zurückgeschlagen und geben den Blick auf die Scheiben frei. Dampfspritze und Leiterwagen, die von der Feuerwehr auf die Bühne gezogen werden, schauen recht farbenfreudig und grotesk aus. So verdeckt zum Beispiel eine große, weiße Leinwand, die in den bayerischen Landesfarben blau gewürfelt ist, das Fahrgestell der Dampfspritze, aus ihrem mit kugligem Drahtnetz gekrönten Schornstein quillt heftig der Rauch. Thermometer, Feuerloch, Feuerglocke und Dampfpfeife blitzen zwar funkelnagelneu, verraten aber älteste Bauart. Die vorsintflutliche Hebel-Gumpspritze, die im alten Spritzenhaus verrostet, ist durch das Fenster dieses Schuppens nur in ganz groben Umrissen sichtbar.

DER FEUERWEHRHAUPTMANN *(Karl Valentin) trägt hohe Stiefel mit abgeschrägtem Rand, enge Röhrlhosen, zweireihige Uniform mit Koppel und einen blinkenden Messinghelm mit einem wippenden roten Federbusch. Er hat einen Seehundsschnauzbart angeklebt und schaut unter buschigen Brauen recht pfiffig und bauernschlau durch die Nickelbrille drein. Um den Hals hängt ihm das Signalhorn, auf der Brust prangen zwei Medaillen, die Feuer-*

wehraxt baumelt an seiner Hüfte.

DER FEUERWEHRLEHRBUB WIGGERL *(Liesl Karlstadt) hat gleichfalls hohe Stiefel angezogen, aber sein Rock ist ihm viel zu lang und zu weit, die Joppe wirkt wie ein Gehrock an dem kleinen Kerl, über das Bäuchlein ist der doppelte Riemen des Feuerwehrkoppels geschnallt, eine mächtige Feuerwehraxt im schwarzen Lederfutteral baumelt ihm beim Gehen zwischen den flinken Beinen, ohne daß er darüberstolpert, dazu ist er viel zu behend und wendig.*

Die übrige FEUERWEHRMANNSCHAFT *trägt lange Hosen. Die berühmte Sammlung grotesker Erscheinungen, die sich in Karl Valentins Ensembles ein Stelldichein zu geben pflegten, fehlt auch hier nicht: lange dürre und kurze dicke Feuerwehrmänner stehen nebeneinander. Der Trompeter hat ungeheure Schwalbennester an seinen Schultern. Nur eines zeichnet alle Mitglieder des Feuerwehrkorps aus – die würdigen, geruhsamen Bewegungen, deren Tempo sich nur beschleunigt, wenn es ans Maßkrug-Heben geht.*

DIE HUBERBÄUERIN *(gleichfalls von Liesl Karlstadt gespielt) erscheint in ihrem Alltagsgewand, aber doch recht stattlich herausgeputzt, denn die Bauern sind reich geworden in der Inflationszeit nach dem Ersten Weltkriege, in der man sich das »Großfeuer« zu denken hat.*

DER NACHBAR *kommt hemdsärmelig mit Weste und gestreifter Hose auf die Szene.*

Dem HERRN BÜRGERMEISTER *im bäuerlichen Besuchshabit aus schwarzem Tuch mit niedrigem, rundem Dachauerhütchen und einer gewaltigen Uhrkette schaut gelegentlich das rote Sacktuch aus der Hosentasche. Daß er unterwegs ist, erkennt man an seiner unförmigen, altmodischen bestickten Reisetasche.*

DER PRESSEPHOTOGRAPH *trägt in das ländliche Idyll die Betriebsamkeit und Unruhe der Großstadt. Seinen flatternden Staubmantel wirft er kurz nach dem Auftritt von sich und steht dann auf der Bühne im eleganten dunklen Anzug, aus dem kokett das Taschentücherl herausschaut. Er hat einen feschen weichen Hut aufgesetzt und bringt einen altmodischen Stativapparat mit*

*schwarzem Tuch, Gummischlauch und Gummiball zum Auslösen
der Aufnahme über der Schulter auf die Bühne getragen.*

*Während der Vorhang aufgeht, hört man ein heftiges, unheim-
liches Gewitter. Alsbald schlägt ein gewaltiger Blitz in das
Hausdach der Huberbäuerin, dem ein furchtbarer Donner-
schlag folgt. Es hat eingeschlagen. Das Haus beginnt zu brennen. Gleichwohl sieht man die Huberbäuerin seelenruhig am
Fenster darunter sitzen, als ob nichts geschehen wäre.*

DIE HUBERBÄUERIN Herein, herein, wer ist denn da? Hat es denn
jetzt net grad klopft? Ich hab gmoant, es hat wer pumpert. Bin
neugierig, wia heute der Dollar steht. Entweder ist er droben
oder herunten – oder er is gleich gar wieder naufgangen. *Sie
liest in der Zeitung.*

EIN NACHBAR *tritt auf und geht ans Fenster* Grüß di Gott, Huberbäuerin.

DIE HUBERBÄUERIN Ja, der Ferdinand, was willst denn du bei mir?

DER NACHBAR Huberbäuerin, ich hab dir ein Geheimnis zu sagen.

DIE HUBERBÄUERIN Was, ein Geheimnis? Ja wennst mir's sagst,
dann is ja kein Geheimnis mehr. *Sie kommt zur Haustür heraus und hält ihr Ohr dem Nachbarn hin.*

DER NACHBAR Des muaß i dir sagn, des ist sehr wichtig für dich.

DIE HUBERBÄUERIN Mein Gott, erschreck mi net, is am End gar
der Butter billiger word'n?

DER NACHBAR Na, na, so gefährlich is net, gib mir d' Hand, daß
du niemand was sagst.

DIE HUBERBÄUERIN Da hast mei Hand. I bin verschwiegen wie a
Millifrau.

DER NACHBAR Also, dei Häusl brennt.

DIE HUBERBÄUERIN Jessas Maria, ja was is des, das hätt i mir net
denkt, des is aber aa traurig. Hat soviel Geld kost, des arma
Häusl.

DER NACHBAR I habs gsehn von mei'm Fenster aus, dann bin i
glei' rüber und hab dir's gsagt.

DIE HUBERBÄUERIN I dank dir schön für die Mitteilung und wegen der Kleinigkeit bist du extra zehn Meter weit bis zu mir herg'laufen, da könnt i glei' woana vor lauter Freud'.

DER NACHBAR I muaß glei wieder gehn, nix für unguat. Pfüat di Gott!

DIE HUBERBÄUERIN Und soll amal dei Haus brenna, dann sag i dir's aa glei, also pfüat di Gott. *Der Nachbar geht ab.* Mein Gott, mei Häusl brennt. I bin ganz resultatlos, oder sollt er mi anglog'n ham – naa, des tuat er net, der Ferdinand. I kenn ihn ja über vierzehn Tag, des is a aufrichtiger Mensch, aber ein falscher Kerl. No ja, i kann ja nachschaun, ob's wirklich so is, i hab ja net weit. *Sie dreht sich um und betrachtet ihr Haus genau von allen Seiten. Dabei sieht sie die Flammen aus dem Dach schlagen. Man hört und sieht es gemächlich weiterbrennen, bis der Vorhang fällt.* Ja, was is denn des, hat er doch recht g'habt! Da derf i glei meine Augenglasln aufsetzen. Resi! Glang mir an brennenden Kerzenleuchter raus! O heiliger Florian, schau nur grad mei Häusl an, ja des wenn noch a Zeitlang so weiterbrennt, na werds immer größer. I bin ganz ratlos, i kauf mir doch no a Radl, da geh ich sofort zum Feuerwehrkommandant und sag, er soll glei zu mir komma in einer dringenden Angelegenheit, der gibt mir dann an Rat, was ma da macha kann. Resi! Glang mir mein Huat und mein Cape raus, i muaß schnell wohin gehn. Und wenn wer nach mir fragt oder telephoniert, na sagst ganz einfach, mir ham koa Telephon.

Der Herr Feuerwehrkommandant tritt auf die Bühne.

DIE HUBERBÄUERIN Ja, da is er ja. Grüaß di Gott, Kommandant! Grad hätt i zu dir gehn wolln, in einer dringenden Angelegenheit.

DER HERR KOMMANDANT So? Wie geht's dir denn allaweil?

DIE HUBERBÄUERIN Net guat, woaßt scho, der Verdruß und die Arbeit, die man allaweil hat mit'n Geld, a paar Säck voll Tausender ham mir schon wieder die Mäus zammg'fressn, jetzt hab i lauter Goldstückl abiglegt, des wissn d' Mäus net, dann beißn sie sich de Zähn aus. Ja und wie gehts denn dir allaweil?

DER HERR KOMMANDANT Schlecht! Ärgern muaß i mi halt so viel immа mit de Leut, weil, wenn wir Feuerwehrleut imma in Uniform auf der Straß genga, fragt imma glei a jeder: »Sie bitt schön, wo brennts denn?« Des is doch zu blöd, da muaß ma doch an Gendarm auch frag'n: »Sie, wo werd denn was g'stohln?«

DIE HUBERBÄUERIN Ja, da hast recht, da müaßt ma an Gendarm auch frag'n: »Wo werd denn was g'stohln?« Ganz richtig. Du, Kommandant, wie is denn beim Maibräu z' Gögging no ganga? Habts no was retten könna?

DER HERR KOMMANDANT Ach nix, alles is verbrennt.

DIE HUBERBÄUERIN Geh, was d' net sagst, wie is denn des zuaganga?

DER HERR KOMMANDANT Ach, mei Trompeter war schuld an der ganzn Gschicht. Du woaßt doch, wir haben bei der Feuerwehr zwei Signale, zum Angriff, des hoaßt: Tä tä – tä, tä, und Gefahr vorüber hoaßt: tä – tä – tä – tä. Und wia ma 's Löschen anfanga wolln, blast der Gefahr vorüber, weil er 's Signal verwechselt hat, natürlich is die ganze Feuerwehr wieder davon und ham alles brennen lassen.

DIE HUBERBÄUERIN A so a Rindviech!

DER HERR KOMMANDANT No ja, deswegn brauchst'n net glei a Rindviech hoaßn, du woaßt doch, daß der Trompeter mei Bruader is.

DIE HUBERBÄUERIN Jessas ja, des is ja dei Bruader, entschuldigst vielmals, i hab's net so g'moant.

DER HERR KOMMANDANT Ja, ja, des is net so einfach bei der Feuerwehr, des muaß alles glernt sei.

DIE HUBERBÄUERIN Ja, da hast recht, des muaß alles glernt sei.

DER HERR KOMMANDANT Mir graust's heut no, wenn i an mei Feuerwehrlehr denk, wia ich no Feuerwehrlehrbub war, glernt hab i zwar nix, i hab aa nix lerna könna.

DIE HUBERBÄUERIN Warum net?

DER HERR KOMMANDANT Weil's grad die drei Jahr, wo ich in d' Lehr ganga bin, nirgends brennt hat.

DIE HUBERBÄUERIN Wia bist denn eigentlich dazua kemma zur

Feuerwehr?

DER HERR KOMMANDANT Des war a so. Mei Vater war dreißig Jahr
bei der Feuerwehr, dann is er pensioniert word'n, des woaßt
ja a so, d' Uniform, der Helm, alles war da, dann hab i mir
denkt, wirst auch a Feuerwehrmann, passen tuat mir alles.

DIE HUBERBÄUERIN Bis auf den Halsriemen, der is dir z'weit.

DER HERR KOMMANDANT Des woaß i scho, aba des kommt davon
her, weil mei Vater so an großen Kropf ghabt hat. I hätt man
scho enger macha lassn, aber schließlich krieg i aa so an Kropf,
dann muaß i ihn wieder weiter macha lassn.

DIE HUBERBÄUERIN Ja, dann müßt 'n wieder weiter macha lassen,
ganz richtig.

DER HERR KOMMANDANT Ja, ja, jawohl, heut vor fuchzehn Jahr is
Unterhaching abbrennt. Ja, morgen Nachmittag um dreiviertel
vier Uhr sans grad fuchzehn Jahr, daß Unterhaching abbrennt
is, des hoaßt, angfangt hats im Dezember und aufg'hört hats
im Winter. Herrschaft, war des a Feuer, a Großfeuer, das Feuer
wird groß g'wen sei, vierzig Meter lang und sechzehn Meter
hoch, siebzehn Meter derf ma eigentlich sag'n, denn ganz genau ham mir 's net abmessen könna, weils immer so hinauf-
g'schwanzelt is. Des Feuer waar aber nicht so groß wor'n, wenn
wir's gleich gemerkt hätten, aber erstens is bei der Nacht auskemma und unser Dorf is so schlecht beleucht, daß ma net
amal des Feuer g'sehng ham, zweitens hat der Nachtwächter
grad an dem Tag Ausgang g'habt, draufkomma san ma erst
am dritt'n Tag, derweil hat das ganze Dorf scho lochterli, ah!
lichterloh brennt. Wia mir 's Spritzn anfanga wolln, ham wir
koa Wasser g'habt, bei dreißig Grad Kälte war des ganze Wasser gfrorn, jetzt ham sämtliche Bäuerinnen von der ganzen
Gmoa zuerst den Schnee kochen müssn, daß wir a Wasser
kriegt ham zum Löschen. Der Apotheker von unserm Dorf hat
hundert Flaschen Fachinger g'stift, auf einmal hat sich der Wind
dreht und 's Feuer hat aufg'hört am Abend, und seit der Zeit
habn mir zur Erinnerung alle Tag auf d' Nacht um sechs Uhr
Feierabend.

DIE HUBERBÄUERIN Auf d' Nacht um sechs Uhr Feierabend. Ganz richtig. *Sie greift mit den Fingern an das Kinn* Saxn di, was hab jetzt i dir heut sagn wolln? Mir fallts nimma ei.

DER HERR KOMMANDANT *schnuffelt mit der Nase* I woaß net, da muffelt's.
Es riecht nach Brand.

DIE HUBERBÄUERIN Hast an Katarrh?

DER HERR KOMMANDANT Da brandelt's!

DIE HUBERBÄUERIN Jessas, jetzt fallt's mir ein, was i dir sagn hab wolln, bei mir brennts ja! Möchst net amal nachschaun, was da zu macha is?

DER HERR KOMMANDANT Selbstverständlich, des is ja mei Pflicht, schaun ma's halt amal an, des Feier. Wo hast es denn?

DIE HUBERBÄUERIN Da! *Sie zeigt auf das Haus.*

DER HERR KOMMANDANT Jetzt muaß i 's halt amal genau untersuchen, was des für a Brand is, obs a Kellerbrand oder a Dachstuhlbrand is. Ja, ja, des is meiner Ansicht nach a Dachstuhlbrand.

DIE HUBERBÄUERIN Ja, des muaßt du wissn! I will dir da nix dreinred'n.

DER HERR KOMMANDANT Sag mir nur grad, Huberbäuerin, wia bist denn eigentlich zu dem Brand komma?

DIE HUBERBÄUERIN Ja mei, des is a Zufall. I steh vor mei'm Häusl, auf amal kommt mei Nachbar rüber und sagt: Du, Huberbäuerin, bei dir brennt's. I schaug auf's Hausdach nauf, und wirklich war's a so.

DER HERR KOMMANDANT Ja woaßt, i will dir da absolut kein Schrecken einjagen, aba soviel i seh, handelt es sich bei dir um ein Großfeuer.

DIE HUBERBÄUERIN Des is mei Ansicht aa.

DER HERR KOMMANDANT De G'schicht kriagn ma scho. I schreib jetzt amal alles auf. Was hast denn für a Hausnummer?

DIE HUBERBÄUERIN Nummer dreizehn.

DER HERR KOMMANDANT Na also, da san mir ja glei da mit der Spritz'n. Stell dir vor, wennst Hausnummer dreißg ghabt hätt'st, da hätt ma scho weiter hin g'habt. I geh jetzt ummi ins Feuerhaus und laß die Sturmglockn läutn und armalier die ganze Feuerwehr.

DIE HUBERBÄUERIN Dann könnt ihr an mei'm Häusl glei die neue Dampfspritzn ausprobiern.

DER HERR KOMMANDANT Ja, de werd heut eing'weiht. Also stell di net lang rum, tu aus deim Häusl das Wichtigste raus, net daß dir alles verbrennt. *Die Huberbäuerin geht wieder ins Haus. Er ruft ihr nach* Schau nur, daß d'zuerst die leicht verbrennbaren Sachen rausbringst, die hölzernen, an Abtrittdeckel, *die Huberbäuerin reicht ihm denselben zum Fenster heraus, er nimmt ihn ab und lehnt ihn an die Hauswand,* Zahnstocher, *die Huberbäuerin wirft ein Packerl Zahnstocher heraus* Zündhölzer, *er fängt ein Paket wie einen Ball auf und läßt es fallen, schon steckt die Huberbäuerin einen Besenstiel zum Fenster heraus;* und des Zeug. De andern Sachn wirfst auf'n Misthaufn hint außi. *Die Huberbäuerin zieht den Besen wieder zurück.* Ich muaß jetzt gehn, Bäuerin, ich hol die andern und komm dann vielleicht bestimmt wieder. *Wie er eilig abgehen will, trifft er unversehens mit dem Bürgermeister der Nachbargemeinde Untergiging zusammen, der ihn sofort an einem Knopf der blinkenden Feuerwehrhauptmannsuniform festhält.*

DER HERR BÜRGERMEISTER Ja, Kommandant, des is guat, daß i di treff. I kimm grad, weilst du inserna Gmoa enkere oide Gumpspritzn zum verkaufa otragn hast. Könn' ma's net amol o'schaugn?

DER HERR KOMMANDANT Des scho, da derfast nur glei mit mir amal ins alte Spritzenhaus einischaug'n. Geh nur her, Bürgermoasta. *Er zieht seinen Schlüsselbund aus der Tasche* Sakra, sakra, des san doch de Schlüssel vom Spritzenhaus, is denn des Schloß eing'rost, is des a zwidane G'schicht, da bleibt nix anders übrig, Bürgermeister, als daß ma alle zwoa beim Fenster einisteig'n. *Sie steigen alle beide mit viel Umständlichkeit in das Fenster des alten Feuerwehrschuppens hinein.*

Durch das Fenster hört man ihren Disput So, Bürgermoasta, da war de söll Spritz'n.

DER HERR BÜRGERMEISTER Sakra, wo han i denn jetzt mei Regendachl hindo, des han i auf da Straß drauß'd ans Spritzenhaus hingloant, wenn a Handwerksbursch vorbeikommt, kunnt er's leicht mitnehma, ist scho g'scheita, i hol's eina, muaß i no amal außisteig'n. Kommandant, tuast ma derweil die Spritzn herrichten. *Man hört ihn hinter der Szene auf die Tür zugehen und dann zum Kommandanten sagen* Woaßt, Kommandant, bist doch a recht's Rindviech, probiert er drauß am G'schloß mindestens a fuchzehn Schlüsseln, daweil hätt er bloß innen den Riegel füraschieb'n braucha. *Er macht die Türe auf und tritt heraus.*

DER HERR KOMMANDANT Jessas, san mir zwoa dumme Luada, daß mir des net g'sehn hab'n.

DER HERR BÜRGERMEISTER Ja, des machst du scho guat, des ham mir doch von drauß'd net sehng kinna, daß innen der Riegel zuag'falln is.

DER HERR KOMMANDANT Ja, wia hast denn dann du des g'sehng, Bürgermoasta?

DER HERR BÜRGERMEISTER Ja, i war doch drin.

DER HERR KOMMANDANT Wann?

DER HERR BÜRGERMEISTER Wie mir zwei einig'stiegn san, weil mir die Tür net aufbracht ham.

DER HERR KOMMANDANT Aso, stimmt. *Beide treten an die Spritze, die man nun durch die geöffnete Spritzenhaustüre sieht* Also da war jetzt d' Spritzn, wennst es kaufn willst für eucha Gmoa, d' Spritzn is tadellos, mir ham a neue Dampfspritzn, des woaßt ja sowieso, b'sinn di net lang, Bürgermoasta, koa solchene kriagst nimmer.

DER HERR BÜRGERMEISTER Hm! *Er zwickt das Kinn mit den Fingern zusammen und schnauft auf* Teuer is halt. Z'vui Göld auf amoi, unser Gmoa hat momentan koan Diridari. *Er reibt die Fingerspitzen aneinander.*

DER HERR KOMMANDANT Na, des is doch koa Geld für so a Spritzn.

DER HERR BÜRGERMEISTER Sparen muaß ma halt, woaßt as scho.

DER HERR KOMMANDANT Ja, billiger kannt mas auf koan Fall hergeb'n.

DER HERR BÜRGERMEISTER Ebbas konnst scho no nachlassen.

DER HERR KOMMANDANT Koan Pfennig, Bürgermoasta.

DER HERR BÜRGERMEISTER Na, dann könna ma leider nix macha.

DER HERR KOMMANDANT Dann ko i dir net helfa, herschenka konn is aa net.

DER HERR BÜRGERMEISTER Also!

DER HERR KOMMANDANT 's geht net, Bürgermoasta, mit'm besten Willen net.

DER HERR BÜRGERMEISTER G'falln tut's ma schon.

DER HERR KOMMANDANT Des glaub i scho, na derfst a koa Geld oschaug'n.

DER HERR BÜRGERMEISTER Also Kommandant, laß di net lumpen.

DER HERR KOMMANDANT I sag da des oana, Bürgermoasta, jetzt muaßt di bald entschließen, es kemma heut oder morgen no aus Minka vom Deutschen Museum oa außa, de möchten's a kaffa.

DER HERR BÜRGERMEISTER Aber an Vorschlag mach i da, Kommandant, wenn mas net auf oamol zahl'n brauchat'n, gangs vielleicht.

DER HERR KOMMANDANT *zuckt die Achseln* Na ja! Da könnt ma no drüber red'n über den Punkt.

DER HERR BÜRGERMEISTER Woaßt, i moan, a guate Anzahlung und des andere auf monatliche Raten.

DER HERR KOMMANDANT Einverstanden! *Geben sich die Hände.*

DER HERR BÜRGERMEISTER Jetzt kimmt d'Hauptsach – was kost's denn?

DER HERR KOMMANDANT Achtzig Mark.

DER HERR BÜRGERMEISTER *schaut einige Sekunden vollkommen entgeistert, dann findet er die Sprache wieder* Is scho recht, des hab i mir net denkt, daß de so billig is, i moan, da lass'n mir die ganze G'schicht mit der Anzahlung und de Raten weg, i gib dir bar die achtzig Mark und die Spritzn is in den Besitz

der Gemeinde Untergiging übergegangen – Eing'schlag'n! *Er
zahlt aus einem Leder-Zug-Geldbeutel achtzig Mark dem
Kommandanten auf die Hand* So, Kommandant, jetzt brauchst
mir nur mehr sag'n, wann i mit'm Roß kommen soll, daß ma
die Spritzn holen ko.

DER HERR KOMMANDANT Des hast g'moant. *Er setzt sich auf die
alte Bank, die vor dem Spritzenhaus an der Wand steht und
schluchzt tief auf* Holn ko, tuast du moana?

DER HERR BÜRGERMEISTER *ihm bleibt abermals die Sprache weg.
Endlich faßt er sich und sagt* Was hast denn?

DER HERR KOMMANDANT Da hock di her, na verzähl i dir was. De
Spritzn ko koana hol'n, da is da Fluach drauf, Bürgermoasta.

DER HERR BÜRGERMEISTER Wia kimmt des?

DER HERR KOMMANDANT Es is ungefähr a fünfundzwanzig bis
dreißig Jahrln her, da is über Giging a schreckliche Hoamsu-
chung komma. D' Schwoag'n, da Kegelbräu und da ganze damalige Pfarrhof san in da Peter-und-Pauli-Nacht niederbrennt
bis auf'n Erdboden, a Sturm is deselbe Nacht ganga, daß si
die schwarsten Baam bog'n ham wia Goaßlstecken, und 's
Feuerglöckerl war bald dasprunga vor lauter Sturmläuten, es
war a schreckliche, a grausige Nacht. I war selmals no a jun-
ger Feuerwehrbursch, und der damalige Kommandant, also
mei Vorgänger, was mei Vater gwes'n is und no fuchzehn
Mann, mir ham g'löscht die ganze Nacht durch bis an andern
Tag mittag um a oans und da hat's an Pfarrhof packt. Der
ganze Dachstuhl is brennad inananda neig'stürzt und mir
pumpt und pumpt, was ma grad rausbracht ham. Patsch,
bricht da Hebel von der Spritz'n. Mir steh'n vor dem Riesen-
feuer mit da dabrochan Spritz'n, der Kommandant ist aus dem
Häusl. »Kruzifixsakramentstürken umanand«, schreit er,
»wenn nur glei die ganze Gumpspritzn da Teufi holn tat.« Das
Wort hat er aber no net ganz heraus g'habt, schreit scho alles
ringsum: »Da Giebi stürzt ei!« und im nächsten Moment –
wum! *Man hört einen großen Trommelschlag aus dem Orchester* – war's Unglück g'schehng. –

DER HERR BÜRGERMEISTER A so natürlich hast des iatza du erzählt, daß i's glei wirklich kracha hab hörn.

DER HERR KOMMANDANT De ganze Giebelmauer vom Pfarrhof is
auf d' Spritz'n naufg'falln, auf de Spritz'n, und mir san grad
no guat wegkemma.

DER HERR BÜRGERMEISTER So so! So war des!

DER HERR KOMMANDANT Ja, des is no net gar, am andern Tag
ham mir de Spritz'n aus de Trümmer rauszog'n, da eina-
g'fahrn und an Ort und Stell da herin in unsern oiden Spritz'n-
häusl hat's da Wagna Sepp und da Schlosser Franzl wieder
vollständig z'sammg'richt. In acht Tag war's wieder fix und
fertig, und bei dera Arbat war da Teifi wieder dabei und hat
eahna 's Maß verzog'n, denn wia's d' Spritz'n rausfahrn wolln
bei da Tür, geht's net außi, is um zwoa Händ z'broat. *Er
zeigt es dem Bürgermeister genau mit seinen Händen.*

DER HERR BÜRGERMEISTER Ja, da steht de oide Gumpspritzn scho
dreißig Jahr da herin?

DER HERR KOMMANDANT Natürlich, de is no direkt neu, fast un-
gebraucht – alt is halt wor'n und verrost, des is ja klar, des
geht uns genau so.

DER HERR BÜRGERMEISTER Naa, verrost'n wer'n ma na doch net.
Ja, da muaß i jetzt dumm frag'n, wenn de Spritz'n net zum
Türl nausgeht – i hab achtzig Mark dafür zahlt, dann gibst
ma mei Geld wieder z'rück.

DER HERR KOMMANDANT Naa naa, Bürgermoasta, mach koan
Schuft, kaft is kaft.

DER HERR BÜRGERMEISTER Ja, aber i hob doch nix davo!

DER HERR KOMMANDANT Du net – aber i, i hab achtzig Mark!

DER HERR BÜRGERMEISTER Bin i a Rindviech!

DER HERR KOMMANDANT Freilich bist a Rindviech, weil ma nia d'
Katz im Sack kaft – Katz im Sack oder Gumpspritz'n im Feuerhaus, des is des gleiche. Aber jetzt geh zua, i muaß jetzt um
insane neue Dampfspritz'n schaun, die müssen wir aus dem
neuen Schuppen hint außifahrn, denn mir ham ja heut a Großfeuer bei insana Huberbäuerin. Tuast es no net schmecka? *Er*

geht ab, der Bürgermeister kopfschüttelnd hinter ihm her.

DER NACHTWÄCHTER *kommt und singt* Hört, ihr Herrn, und laßt euch sagen, die Glocke am Kirchturm hat vier Uhr geschlagen, bewahrt das Feuer und auch das Licht, daß in unsrer Stadt koa Brand ausbricht – koa Brand ausbricht – *Er spricht* Es is koa Fuchs, es is koa Has, i täusch mi net, da brandlt was. Naa, des täuscht mi vielleicht bloß, bin i a alts Rhinozeros, vom Bäkkermeister ganz genau da druckts an Rauch raus gelb und grau, dem Himmel Hermann Sapprament san d' Loab'n wieda all verbrennt. Er schürt a ei, als wia a Narr, aba brandln tuats so sonderbar. Ma sieht nix, na, 's is nix zum sehn, es is halt doch a Täuschung g'wen, so is a, ja, es kunnt ja sein, was siech i da, an Feuerschein? I glaub glei' gar beim Färberlenz, mein Gott, bei der Huberbäuerin brennt's! Leut, aufstehn! *Er tutet, schreit und geht ab. Plötzlich hört man von weitem die Sturmglocken läuten, die Feuerwehr marschiert an, wobei ein Signalmarsch erklingt. Donnernd wird die Dampfspritze aufgefahren.*

DER HERR KOMMANDANT Ganze Kompanie – halt! Vor den Geräten sammeln! Front! – Abzählen!

ALLE Eins – zwei – drei – vier – fünf – sechs – sieben – acht.

DER HERR KOMMANDANT Halt! Wieviel san denn heut da? Kustermann hier! Seidel hier! Metzler hier! Konsumverein hier! Also jetzt kommt die Ansprache. Wiggerl, du soufflierst mir. Liebe freiwillige Feuerwehr, teure Kameraden und Freunde! Indem heute die große Freude über uns hereingebrochen ist, daß unsere Gemeinde eine Dampfspritze gekriegt hat, sehe ich mich veranlaßt, liebe freiwillige Feuerwehr-Männer, an Euch einige Worte des Trostes zu richten. Achtundzwanzig Jahre sind an uns vorbeigeflossen, daß wir keine Dampfspritze nicht gehabt haben, nur eine einfache Gumpspritze. Aber das sehnsüchtige Verlangen nach einer Dampfspritze war ein allgemeines, und so ist es heute der Tag, wo uns diese Freude, uns eine Dampfspritze zu überreichen, gelungen ist. Möge es in unserer Gemeinde recht oft brennen, damit wir mit vollem Eifer und Aufopferung die Spritze in Funktionierung bringen können, und so übergebe ich heute unter feierlichem Glockengeläute und Böllerschüssen im Namen unseres heißgeliebten Herrn Bürgermeisters die neue Dampfspritze.

EIN FEUERWEHRMANN Kameraden! Die neue Dampfspritze und der Herr Bürgermeister sollen leben hoch! Hoch! Hoch!

DER HERR KOMMANDANT An die Geräte! – Rechts um – marsch! Ihr geht's mit'n Schlauch an Bach nunter und hängt's an Schlauch in Mühlbach nei' – und wenn grad Bachauskehr is, na hängt's 'n in d' Mistlacka nei, na spritz ma einfach mit 'n Odlwasser. Wiggerl und mir hoazn derweil ein in der Dampfspritz'n. *Die Mannschaft kommt gemächlich herbei und beginnt zu arbeiten.*

WIGGERL Du, Kommandant, kennst du dich aus mit dera Dampfspritz'n?

DER HERR KOMMANDANT Natürlich, ich brauch mich bloß nach der Gebrauchsanweisung richt'n, da steht alles drin, wie ma's mach'n muaß.

WIGGERL Du, in der Stadt drin hab'ns auch so a ähnliche Maschin' zum Abtritt räumen.

DER HERR KOMMANDANT Ja ja, aber de hat an andern G'ruch. – Also bevor wir einhoazn, müssen wir wissen, aus was für Teilen die Dampfmaschine besteht. Also jetzt paß auf, Wiggerl, jetzt werd' ich's dir erklären. *Er liest laut*

Gebrauchsanweisung
Zuerst Wasser einfüllen

a Der Dampfkessel,	g Die Alarmglocke,
b Der Zylinder,	h Der Dampfregulator,
c Der Kamin,	i Die Dampfpfeife,
d Das Sicherheitsventil,	k Der Antriebswechsel,
e Der Wasserstandsbarometer,	l Das Heizloch,
f Die Atmosphärenuhr,	m Das Aschloch.

WIGGERL Wo is denn des?

DER HERR KOMMANDANT I find's aa net!

WIGGERL Ah, des is vielleicht hinten.

DER HERR KOMMANDANT Ja, des hab i mir aa denkt. *Beide schauen der Dampfspritze hinten hin.* Da is's ja Oben is das Heizloch, da wird eing'heizt und da fallt dann die Asche hinunter in das untere, das heißt Aschloch – nicht zu verwechseln mit – Heizloch –

WIGGERL Aber jetzt hoaz i glei ein. Jetzt is wieder kein Papier da.

DER HERR KOMMANDANT Zu was brauchst denn jetzt a Papier?

WIGGERL Zum einhoaz'n.

DER HERR KOMMANDANT Jaso!

WIGGERL *nimmt dem Herrn Kommandanten die Gebrauchsanweisung aus der Hand und heizt damit ein* Jetzt hab i wieder koane Zündhölzer – hat denn neamands a Feuer?

DER HERR KOMMANDANT *deutet auf das Dach* Da is a Feuer!

WIGGERL Jetzt hab i scho oans – jetzt brennts scho –

DER HERR KOMMANDANT *schließt den Schlauch an, macht Feuer im Kamin und schreit, indem er den Kessel anfaßt* Er wird schon hoaß! – Also jetzt kommt die Hauptsach! Wia jetzt der Kessel hoaß wird, also wenn sich der Dampf entwickelt, muß sofort der Wechsel aufgerieben werden, sonst z'reißt's an Kessel und mir san alle beim Teifi!

WIGGERL Jessas Maria! Wo is denn der Wechsel?

DER HERR KOMMANDANT Ja, des woaß i aa net. Das steht alles ganz genau in der Gebrauchsanweisung drinna.

WIGGERL Also schnell! Gebrauchsanweisung her – wer hat denn d' Gebrauchsanweisung? *Aufgeregt* I hab's net!

DER HERR KOMMANDANT I aa net! *Zornig* Kreuz Teifi nei, ich hab 'n doch grad dag'habt, den weißen Zettel da.

WIGGERL Den hab i zum Feuermach'n herg'nomma.

DER HERR KOMMANDANT Jessas Maria! G'fehlt is! Hoazt der mit der Gebrauchsanweisung ein! Jetzt is 's Unglück fertig. *Sie schlagen beide die Hände über dem Kopf zusammen.*

WIGGERL Laßt's halt a neue Gebrauchsanweisung druck'n. Oder holt's an Hochwürden Herrn Pfarrer.

DER HERR KOMMANDANT Was versteht denn a Pfarrer von ara

Dampfspritz'n, wenn scho' des Unglück nimmer zum Aufhalten is, dann müssen wir auf unserem Posten bleiben, wia a Schiffskapitän auf sein Schiff, wenns untergeht. Mir san doch alle Männer – jetzt reib i halt amal an Wechsel auf – gehts weg! Jessas Maria, steh uns bei – Pfüat di Gott, Wiggerl! *Alles spritzt auseinander und nimmt hinter den Hausecken volle Deckung.*

WIGGERL Daß d' fei net an falschen Wechsel aufreibst, sonst werst wegen Wechselfälschung no ei'g'sperrt aa.

DER HERR KOMMANDANT Halt's Mäu! Nur die Ruhe kanns machen, also das ist die Dampfuhr!

WIGGERL Wieviel is denn?

DER HERR KOMMANDANT Halt doch 's Maul, Lehrbua saudummer, das ist das Dampfpfeiferl. *Er läßt das Pfeiferl ertönen.*

WIGGERL Ah fein – wia a Lokomotiv!

DER HERR KOMMANDANT Dann is des der Dampfwechsel, da gibt's koan Zweifel! Jetzt reib i amal auf! *Er reibt auf, die Maschine beginnt zu laufen.*

WIGGERL Ah fein! Wunderbar –

DER HERR KOMMANDANT Und der Haufa Dampf wo scho drin is! *Er macht den Deckel auf.*

WIGGERL Jetzt läut i der Mannschaft, daß mit'n Schlauch kemma. *Er läutet; die Mannschaft kommt gemächlich herbei.*

DER HERR KOMMANDANT Freistehende Leiter aufstellen! *Er geht ins Haus und schaut flammenumzingelt aus den Fenstern* Herrgott is da hoaß herin, wia im Fegfeuer! Jetzt wär halt a frische Maß Bier recht. *Er geht wieder aus dem Haus und sagt zum Wiggerl* Wer hat denn die freistehende Leiter ans Haus gloahnt, na is doch koa freistehende Leiter mehr, a so a Leiter nimmt ma, zieht's nur ausananda. *Wiggerl läßt die Leiter aus.* Au! Au! Du hast mir d' Finger ei'zwickt. *Er läuft dem Wiggerl nach, Wiggerl steigt auf die Leiter, der Kommandant will auch hinaufsteigen, da tritt ihm Wiggerl auf die Hand. Der Herr Kommandant* Au, au, Wiggerl, geh runter, du stehst auf dem Ding droben.

WIGGERL Auf der Leiter?

DER HERR KOMMANDANT Na, auf den –

WIGGERL Sprossen?

DER HERR KOMMANDANT Na, auf meiner – mir fällt der Name nie ein, au, au, auf meiner Pratzen.

WIGGERL Jessas, des hab i net g'wußt.

DER HERR KOMMANDANT Ja, hast du denn des net g'spürt?

WIGGERL Naa, woher? Du hast es g'spürt! *Der Kommandant geht stöhnend ein paar Schritte rückwärts, wobei er mit dem gerade auftretenden Photographen zusammenstößt.*

DER PHOTOGRAPH Guten Tag, meine Herrschaften! Verzeihen Sie, wenn ich störe. Ich bin Spezialphotograph der Illustrierten Zeitung. Ich mache speziell Spezialaufnahmen von aktuellen Ereignissen wie Eisenbahnunglücken, Schiffszusammenstößen, Fliegerabstürzen, Feuersbrünsten, Hochzeitsfeierlichkeiten und sonstigen Unglücksfällen. Ich komme nirgends zu spät. Ich habe schon die größten Explosionskatastrophen drei Tage vorher aufgenommen. Gestatten Sie, daß ich von dem Feuer schnell eine Aufnahme mache. *Zu Wiggerl* Verzeihen Sie, sind Sie der Herr Kommandant?

WIGGERL Nein, ich bin der Feuerwehrlehrbub. Ich bin nur der junge Spritzer! Das ist der Kommandant – lach doch net so, der will mit dir reden, sag' doch, daß du der Kommandant bist.

DER HERR KOMMANDANT Sie wünschen?

DER PHOTOGRAPH Ich möchte den Herrn Kommandant nur fragen, ob ich von diesem Großfeuer eine Aufnahme machen darf.

DER HERR KOMMANDANT Ja natürlich! Was woll'n S'?

DER PHOTOGRAPH Ich mein, ob ich das Feuer abnehmen kann?

DER HERR KOMMANDANT Ja, das können wir leider nicht verkaufen, das g'hört der Huberbäuerin.

DER PHOTOGRAPH Also, ich mach schnell eine Aufnahme – vielleicht möchten sich die Herren gruppieren?

DER HERR KOMMANDANT Ah, habt's es g'hört, die Herren solln alle krepieren!

DER PHOTOGRAPH Nehmen Sie bitte einmal alle eine Stellung ein – so Sie daher – Sie dorthin – der Herr Kommandant lehnt sich vielleicht an die Dampfspritze an, das wird sich gut machen.

DER HERR KOMMANDANT Au! Au!

DER PHOTOGRAPH Haben Sie sich verbrannt?

DER HERR KOMMANDANT Verkühlt habe ich mich am Dampfkessel!

DER PHOTOGRAPH Vielleicht lehnen Sie sich hier an.

DER HERR KOMMANDANT Sakra, das draht sich.

DER PHOTOGRAPH *rückt ihn in eine Pose zurecht* Also bitte, recht freundlich – eins – zwei –

WIGGERL Halt, ich muß mich zuerst noch schneuzen.

DER PHOTOGRAPH Also jetzt – eins –zwei –

DER HERR KOMMANDANT Schneuzen muß sich der Lausbub unterm Photographieren!

DER PHOTOGRAPH Ach, jetzt haben Sie wieder gewackelt.

DER HERR KOMMANDANT Ja, 's Feuer wackelt ja auch.

DER PHOTOGRAPH Ja, kann man denn das Feuer nicht einen Moment aufhalten?

WIGGERL Natürlich, da brauch i bloß an Ventilator ausschalten. *Er läuft hinter die Bühne, man hört den Schalter knacken. Die durch den Ventilatorluftzug angetriebenen hin und her züngelnden Flammen aus roten und gelben Bändern bleiben mit einem Ruck stehen.*

DER PHOTOGRAPH Ja, so ist's gut, also bitte, jetzt ganz ruhig.

DER HERR KOMMANDANT Naa, i mag nimma! *Er geht vor zur Rampe, wendet sich dann zurück zu Wiggerl und sagt ihm leise etwas ins Ohr.*

WIGGERL Ah, deswegen!

DER PHOTOGRAPH Warum will er denn nicht?

WIGGERL Er mag nicht, daß man ihm beim Photographieren zuschaut, jetzt geniert er sich, weil ihm die Leut im Parkett alle zuschau'n.

DER PHOTOGRAPH Was für Leut?

WIGGERL Das Theater-Publikum!

DER PHOTOGRAPH Das ist doch sehr einfach – da laß ma halt den Vorhang runter.

DER HERR KOMMANDANT Ja, dann mag ich! *Schnell fällt der*

Vorhang

Ludwig Thoma

Altaich
Eine heitere Sommergeschichte. 4. Aufl., 171. Tsd. 1980.
Piper-Präsent. 263 Seiten. Geb.

Ausgewählte Werke
In drei Bänden. Mit einem Vorwort von Eugen Roth. 4. Aufl.,
35. Tsd. 1973. 1393 Seiten und Frontispiz. Leinen

Erinnerungen
4. Aufl., 44. Tsd. 1980. 220 Seiten und 31 Abbildungen. Leinen

Für Politiker
Herausgegeben von Günther Lutz. 1980. 150 Seiten.
Piper-Präsent. Geb.

Gesammelte Werke
In sechs Bänden. Erweiterte Neuausgabe. 2. Aufl., 8. Tsd.
1973. 1393 Seiten und Frontispiz. Leinen und Leder

Heilige Nacht
Eine Weihnachtslegende. Mit Zeichnungen von Wilhelm
Schulz. Neuausgabe 1981. 64 Seiten. Geb.

Jägergeschichten
Erzählungen. 1979. 131 Seiten. Piper-Präsent. Geb.

Jozef Filsers Briefwexel
19. Aufl., 608. Tsd. 1981. 188 Seiten. Piper-Präsent. Geb.

Käsebiers Italienreise
2. Aufl., 20. Tsd. 1976. 85 Seiten. Piper-Präsent. Geb.

Lausbubengeschichten
Aus meiner Jugendzeit. Mit fünfunddreißig Zeichnungen
von Olaf Gulbransson. 22. Aufl., 501. Tsd. 1979. 149 Seiten.
Piper-Präsent. Geb.

Ludwig Thoma

Lausbubengeschichten – Tante Frieda – Jozef Filsers Briefwexel
1980. 335 Seiten. Geb.

Ein Leben in Briefen
(1875–1921). 1963. 503 Seiten und 26 Fotos. Leinen

Papas Fehltritt
Drei Erzählungen. 1978. 113 Seiten mit drei Vignetten. Piper-Präsent. Geb.

Der Ruepp
Roman. 2. Aufl., 50. Tsd. 1958. 213 Seiten. Leinen

Die schönsten Romane und Erzählungen
Jubiläumsausgabe in sechs Bänden. Herausgegeben von Richard Lemp. 1978. Zusammen 2053 Seiten. Geb.

So war's einmal
Der ausgewählten Werke anderer Teil. 1972. 509 Seiten. Leinen

Tante Frieda
Neue Lausbubengeschichten. Mit achtunddreißig Zeichnungen von Olaf Gulbransson. 19. Aufl., 256. Tsd. 1979. 170 Seiten. Piper-Präsent. Geb.

Theater
Sämtliche Bühnenstücke. Mit einem Nachwort von Hans-Reinhard Müller. 1964. 666 Seiten und 22 Abbildungen. Leinen

Vom Advokaten zum Literaten
Unbekannte Briefe. Herausgegeben und kommentiert von Richard Lemp. 1979. 235 Seiten mit 27 Abbildungen und Faksimiles. Leinen